Innovation und Gesellschaft

Reihe herausgegeben von
R. John, Berlin, Deutschland
J. Aderhold, Berlin, Deutschland
H. Braun-Thürmann, Berlin, Deutschland
I. Bormann, Berlin, Deutschland

Die Reihe „Innovation und Gesellschaft" wird vom Institut für Sozialinnovation e.V. (Berlin) verantwortet. Ziel ist es, Beiträge zu versammeln, die sich mit Innovationen in der Gesellschaft auseinandersetzen und damit sozialen Wandel beobachten. Ausgangspunkt ist ein umfassendes Verständnis von Innovationen, das diese als weitreichende strukturelle Veränderungen begreift. Dabei stehen die Bedingungen, das Zustandekommen, die Formen und Folgen sowie die planerischen Möglichkeiten der Gestaltung von Innovation und gesellschaftlichem Wandel im Mittelpunkt des Interesses.

Reihe herausgegeben von
Dr. René John
Dr. Jens Aderhold
Dr. Holger Braun-Thürmann

Institut für Sozialinnovation e.V., Berlin, Deutschland

Prof. Dr. Inka Bormann
Freie Universität Berlin, Deutschland

Weitere Bände in der Reihe http://www.springer.com/series/10422

Cristina Besio

Moral und Innovation in Organisationen

 Springer VS

Cristina Besio
Hamburg, Deutschland

ISSN 2193-6625   ISSN 2193-6633   (electronic)
Innovation und Gesellschaft
ISBN 978-3-658-20272-9   ISBN 978-3-658-20273-6   (eBook)
https://doi.org/10.1007/978-3-658-20273-6

Die Deutsche Nationalbibliothek verzeichnet diese Publikation in der Deutschen National-
bibliografie; detaillierte bibliografische Daten sind im Internet über http://dnb.d-nb.de abrufbar.

Springer VS

Gedruckt auf säurefreiem und chlorfrei gebleichtem Papier

Springer VS ist Teil von Springer Nature
Die eingetragene Gesellschaft ist Springer Fachmedien Wiesbaden GmbH
Die Anschrift der Gesellschaft ist: Abraham-Lincoln-Str. 46, 65189 Wiesbaden, Germany

Vorwort

Dieser Band versammelt eine Reihe von Aufsätzen, die in den letzten sechs Jahre entstanden sind und Teil meiner kumulativen Habilitationsschrift waren. Zwei Texte sind zuvor auf Englisch veröffentlicht worden und werden hier in leicht veränderter Fassung auf Deutsch herausgebracht. Die anderen Texte sind neu. Vor allem der erste, längere Aufsatz, in dem ich eine Theorie der Moral von Organisationen aus systemtheoretischer Sicht entwickle, dient dazu, meine zentralen Gedanken zur Relevanz von Organisationen nicht nur bei der Umsetzung, sondern auch bei der Gestaltung gesellschaftlicher Moralvorstellungen wiederzugeben. Die weiteren Texte schließen an diesen an und zeigen – entgegen der verbreiteten Meinung, dass Moral in Organisationen kaum anzutreffen sei –, dass das moralische Geschehen in organisationalen Kontexten reich und folgenreich ist. Das lässt sich an Innovationsprozessen ganz gut beobachten.

Bedanken möchte ich mich bei allen Personen, die durch ihre Anregungen und Kommentare wesentlich zum Entstehen dieser Texte beigetragen haben. Zunächst hätte dieses Buch ohne die produktive Umgebung des Instituts für Soziologie der TU Berlin nicht zustande kommen können. Dort konnte ich nicht nur immer wieder mit kompetenten Kolleginnen und Kollegen gewinnbringend über Fragen von Innovation diskutieren, sondern auch über die Rolle von Organisationen in unserer Gesellschaft im Allgemeinen. Vor allem haben mich Arnold Windeler mit seinem stringenten Denken, Werner Rammert als kontinuierliche Inspirationsquelle und Nina Baur mit ihrer Offenheit für neue Ideen stark unterstützt. Darüber hinaus haben mir bei der Auseinandersetzung mit der nicht immer leicht anzuwendenden Systemtheorie insbesondere Veronika Tacke, Gaetano Romano, Elena Esposito und Robert Jungmann mit weiterführenden Kommentaren und informierten Tipps geholfen. Nicht zuletzt waren Uli Meyer und Andrea Pronzini, Koautoren jeweils eines Aufsatzes dieses Bandes, ausgezeichnete Begleiter im Denken und Schreiben. Schließlich soll meiner Familie in Italien und Deutschland gedankt werden, die mit großer Geduld und Zuversicht das Entstehen dieses Buches alltäglich miterlebt hat.

Cristina Besio

Inhaltsverzeichnis

1 Einleitung: Eine systemtheoretische Perspektive über Moral und Innovation in Organisationen

Moralische Kommunikation ist in unserer Gesellschaft inflationär. Nicht nur im Privatbereich, sondern auch in den Medien, in politischen Diskursen, in den Selbstdarstellungen von Unternehmen usw. ist die Bezugnahme auf moralische Argumente alltäglich. Jedoch ist die These, dass unsere Gesellschaft moralisch integriert sei und dass Moral den gesellschaftlichen Zusammenhang garantiere, fragwürdig. Zu unterschiedlich sind die Moralvorstellungen, die Werte und Ethiken, die von verschiedenen Gruppen vertreten werden und die in verschiedenen Regionen der Weltgesellschaft gelten (Bergmann/Luckmann 1999 (Hg.); Luhmann 2008 [1978]: 95-96; Luhmann 2008 [1989]: 270-281), um Einheit zu garantieren. Zudem stehen heute viele verschiedene Kommunikationsformen zur Verfügung, die die Fortsetzung sozialer Tätigkeiten jenseits der Moral im ökonomischen, rechtlichen oder wissenschaftlichen Bereich garantieren (Luhmann 1997: 743-758; Luhmann 2008 [1993]: 163-174).

Von dieser Feststellung ausgehend stellt sich die Frage: Wie wirkt sich moralische Kommunikation heute aus? Der vorliegende Band behandelt insbesondere Organisationen und die Wirkungsweise der Moral auf Mesoebene. Feststellen lässt sich, dass Moral ambivalent ist; kann der Bezug auf etablierte moralische Werte einerseits Sicherheit und Legitimation schaffen und können unterschiedliche moralische Standpunkte andererseits Auseinandersetzungen zwischen heterogenen Sichtweisen auslösen und somit Konflikte anstiften (Hitlin/Vaisey 2010: 10). Welche Wirkung sich tatsächlich entfaltet, hängt damit zusammen, wie Moral in Organisationen respezifiziert wird. Das bedeutet, dass Moral sich auf Organisationen nie direkt, sondern immer vermittelt auswirkt: Moral wird in Organisationen unter den Bedingungen eingeführt, die organisationale Strukturen vorgeben. Organisationale Respezifikationen wirken ihrerseits auf moralische Kommunikation selbst, indem sie der Moral eine vorläufige, kontextbezogene, aber spezifische Form geben. Sie legen fest, welche Werte unter welchen Umständen Anwendung finden. Die von den Organisationen realisierten Wertbindungen stehen wiederum anderen Instanzen zur Verfügung. So können Verhaltenskodizes von Unternehmen von anderen kopiert werden, sie können Gegenstand der moralischen Kritik von Seiten von NGOs werden oder bei der Gesetzgebung berücksichtigt werden. Indem sie Moral in ihre Entscheidungsprozesse einfließen lassen, verbinden Organisationen Moral zudem mit anderen Logiken. Typischerweise müssen Unternehmen eine Balance zwischen ihrer primären Logik des Profits und moralischen Anforderungen der Gesellschaft bzw. ihrer zentralen Stakeholder finden und NPOs müssen ihre häufig hoch moralischen Missionen mit Geboten der Professionalität bzw. des guten Managements in Einklang bringen. Aus dieser Kombination heterogener Logiken kann Konflikt entstehen, können aber auch neue erfolgreiche Formen des Wirtschaftens bzw. der sozialen Hilfe hervorquellen. Der Umgang mit Heterogenität kann in Organisationen zwar problematische Konflikte verursachen, weil dort Integrationsprobleme zwischen Logiken und reziproke Einschränkungen von Freiheitsgraden anfallen können (Luhmann 2002b: 398), Heterogenität kann aber auch Anlass für virtuose Verbindungen werden und organisationale Dynamiken beflügeln.

Die Frage der Heterogenität, die Herausforderungen, die sich damit verbinden, und die organisationalen Umgangsweisen mit ihr lassen sich besonders treffend an Phänomenen der Innovation aufzeigen. Innovation kann einerseits eine Form des Umgangs mit Heterogenität werden, insofern sie eine neue, höhere Synthese unterschiedlicher Standpunkte anbietet; sie kann aber andererseits auch eine zusätzliche Quelle von Heterogenität werden, weil sie bewährte Praktiken in Frage stellt und sogar nach neuen Beurteilungskriterien verlangt.

Die Beiträge dieses Bandes nähren sich diesen Thematiken mit Begrifflichkeiten aus verschiedenen Theorie an. Insbesondere Theorien der gesellschaftlichen Integration durch Moral und neoinstitutionalistische Ansätze werden immer wieder bemüht, da vor allem in diesen Theorien die Rolle normativer Muster stark thematisiert wird. Jedoch wird sich vor allem eine systemtheoretische Perspektive als besonders geeignet zeigen, um Formen und Wirkungen moralischer Kommunikation in Organisationen zu analysieren. Diese bietet die Möglichkeit, das Verhältnis zwischen Organisationen und organisationsexternen Logiken – wie eben die Moral – genau zu erfassen und reziproke Einflüsse zu bestimmen. Darüber hinaus kann sie erklären, wie Organisationen in ihren alltäglichen Tätigkeiten mit verschiedenen Logiken umgehen. Bei diesen Logiken handelt es sich primär um funktionssystemische Kommunikation, aber auch um andere nicht-systemische Kommunikationsformen wie eben die Moral.

Die Beiträge dieses Bandes bleiben in einem systemtheoretischen Rahmen, setzen jedoch ihren Schwerpunkt weniger auf die Analyse von Dynamiken einzelner autonome Systeme als vielmehr auf die Verhältnisse zwischen Systemen bzw. verschiedener Kommunikationsformen. Damit nehmen sie eine neue Akzentuierung der Systemtheorie vor. Wird diese Theorie im Allgemeinen hauptsächlich für ihre Fähigkeit geschätzt, Eigendynamiken einzelner Systeme zu beschreiben, deckt diese Schrift im Gegenteil gerade ihr Potenzial auf, reziproke Irritationen sowie wechselseitige Steigerung und Behinderungseffekte heterogener Logiken zu erklären.

Im Folgenden werde ich einige zentralen Begrifflichkeiten der Systemtheorie überblicksartig einführen, die notwendig sind, um die organisationale Respezifikation externer Logiken (1) und den Umgang mit Heterogenität zu analysieren (2). Diese Begriffe sind keine Hilfskonstrukte der Theorie, um alle Phänomene zu erklären, die mit dem Begriff der Autopoiesis nicht zu erfassen sind, sondern notwendige Elemente in der Architektur der Systemtheorie – gewissermaßen die andere Seite des Begriffs der Autopoiesis. So ist die Vielzahl struktureller Kopplungen Bedingung der Autonomie der Systeme (Luhmann 2002b: 373-374). In einem nächsten Schritt greife ich auf die Inhalte dieses Bandes vor, indem ich von diesen Begriffen ausgehend die Effekte moralischer Kommunikation in Organisationen (3) sowie die Wirkung heterogener Logiken in Innovationsprozessen (4) skizziere. Darauf aufbauend stelle ich die Struktur des Bandes vor (5).

1.1 Respezifikation: Organisationen und ihre gesellschaftliche Umwelt

Wählt man die Systemtheorie von Luhmann, dann wählt man einen Erklärungsansatz, der einflussreiche Untersuchungen der funktionalen Differenzierung liefert, die es ermöglichen, autopoietische Zusammenhänge klar voneinander zu unterscheiden und deren Merkmale auszumachen. Autonome Systeme operieren nur im Kontext der eigenen Operationen; sie können zwar andere Systeme beobachten, dies aber nur ausgehend von ihrer Eigenlogik. Das gilt nicht nur für Funktionssysteme, sondern auch für Organisationen, die über die Autopoiesis einer spezifischen Operationsform, d.h. Entscheidungen definiert werden (Luhmann 2000). Obwohl nicht mit Systemfähigkeit ausgestattet (Luhmann 2008 [1978]: 153-156), kann auch Moral als eine spezifische Form der Kommunikation aufgefasst werden. Es handelt sich um die Kommunikation, die sich an der Unterscheidung gut/schlecht bzw. moralische Achtung/Missachtung orientiert (Luhmann 2008 [1978]: 97ff.; Luhmann 2008 [1989]: 272 ff.) und als eine Art loses Medium (Luhmann 2008 [1989]: 328) gesellschaftsweit zirkuliert.

Wenn man von der hohen Spezifität verschiedener Kommunikationsformen und von der Autonomie unterschiedlicher Systeme ausgeht, stellt sich dann die Frage, wie ihr Verhältnis überhaupt aufgefasst werden kann. Die Problematik stellt sich in diesem Band in erster Linie für das Verhältnis zwischen Organisationen und ihrer gesellschaftlichen Umwelt. Zur Handhabung dieser Problematik stehen in der Systemtheorie schon einige Begriffe zur Verfügung, die jedoch produktiv weiterentwickelt werden müssen. Luhmann beschreibt mehrere Aspekte des Verhältnisses zwischen Organisationen und ihrer Umwelt. Insbesondere geben Organisationen den losen Medien der Funktionssysteme eine gut konturierte Form, sie „implementieren" sogar die jeweiligen Funktionen (Luhmann 1997: 841-842), bzw. sie respezifizieren die abstrakten Sinnbezüge von Funktionssystemen in konkretere Formen. So gibt die Schule der Erziehungsabsicht die Form von gut definierten Schulcurricula (Luhmann 2002a: 143-147) und Unternehmen geben dem Medium Geld die Form von spezifischen Investitionen, budgetierten Stellen usw. (Luhmann 1994a: 302-323).

Dirk Baecker (2001) hat das Verhältnis zwischen Organisationen und Funktionssystemen explizit mit der Begrifflichkeit der strukturellen Kopplung formuliert. Der Begriff der strukturellen Kopplung (Luhmann 1997: 92-120; 779-788; Luhmann 2002b: 372-406) beschreibt den Sachverhalt, dass die Strukturen von zwei oder mehr Systemen auf eine solche Weise angeordnet sein können, dass ein Ereignis in einem System die Informationsverarbeitung im anderen in Gang setzt (Luhmann 2002c: 124-127). Strukturelle Kopplung realisiert sich über spezielle Einrichtungen, die als Strukturen von unterschiedlichen Systemen in Anspruch genommen werden können. So kann etwa Sprache sowohl von sozialen als auch von psychischen Systemen benutzt werden und in beiden Systemen als Struktur wirken. Ein und dieselbe Einrichtung (etwa eine Prozedur, ein Diskurs, ein Verfahren) kann von unterschiedlichen Systemen als Struktur in Anspruch genommen werden und unterschiedliche Folgen für die Fortsetzung der jeweiligen Operationen haben. Auf der Basis von struktureller Kopplung finden bestimmte Ereignisse im spezifischen rekursiven Netz von zwei oder mehreren unterschiedlichen Systemen Anschluss. Dirk Baecker (2001) macht den Begriff für das Verhältnis zwischen Unternehmen und Wirtschaft produktiv. Er fasst das Kapital als Struktur auf, die die Kopplung zwischen Wirtschaft und Unternehmen kanalisiert. Denn das Kapital kann einerseits durch organisationale Entscheidungen Anwendung finden, andererseits beeinflusst die Verfügbarkeit von Kapital wirtschaftliche Dynamiken. Als Ergebnis der Kopplung stellen sich diese Systeme wechselseitig ihre Komplexität und ihre Komplexitätsreduktionen zur Verfügung (Baecker 2001). Die Beziehung zwischen Funktionssystem und Organisation kann dann als „ein Verhältnis unterschiedlicher Ebenen" aufgefasst werden, „die zur eigenen Systembildung wechselseitig auf die Strukturen der jeweils anderen Ebene angewiesen sind" (Lieckweg/Wehrsig 2001: 42). Organisationen beziehen ihre Entscheidungen ihren Strukturen entsprechend auf externe Logiken und können diese etwa als Entscheidungskriterien für sich nutzbar machen. Umgekehrt beobachten Funktionssysteme mittels ihrer Strukturen die Operationsweise von Organisationen. Daraus können sie den Eindruck konkreterer Formen, wie beispielsweise spezifischer Investitionen, gewinnen, die sie ihrerseits für die Abfolge der eigenen Operationen heranziehen können.

Das, was für Funktionssysteme gilt, kann auch für moralische Kommunikation sowie für weitere diffuse Kommunikationsformen wie Risiko- oder Angstkommunikation zur Anwendung kommen. Denn auch in diesen Fällen handelt es sich um spezifische Logiken, die in der Umwelt von Organisationen operieren. Obwohl Moral kein System bildet, kann auch für diese Form der Kommunikation eine Kopplung mit Organisationen zustande kommen, wenn etwa spezifische Wertekataloge oder ethische Maßnahmen gleichzeitig in organisationalen Kontexten und im Kontext weiterer alltäglicher, massenmedialer, politischer usw. Kommunikationsprozesse gleichzeitig in Anspruch genommen werden. Wenn man sich dabei die organisationale Seite anschaut, kann man beobachten, dass dies in eine organisationstypische Respezifikation moralischer Anforderungen mündet. Wenn man sich die gesellschaftliche Seite anschaut, sieht man, dass Organisation, indem sie sich moralisch engagieren, moralische Standards mitprägen und somit zur gesellschaftlichen Entwicklung beitragen (Brophy 2014; von Groddeck 2014).

1.2 Organisationaler Umgang mit Heterogenität

Zur Frage des Umganges mit Heterogenität gilt systemtheoretisch, dass Organisationen selbst als Einrichtungen der Kopplung fungieren können. Dies wird beispielhaft am Fall der Universität thematisiert, die das doppelte Ziel der Bildung und der Forschung hat und insofern sowohl zu wissenschaftlichen Dynamiken als auch zu Erziehungsprozessen beiträgt (Luhmann 1997: 784-785). Die Formen, in denen Organisationen eine Kopplung anleiten und unterstützen können, sind aber vielfältig, und in vielen Fällen sind Organisationen nicht selbst Einrichtungen, sondern können die Umsetzung einer spezifischen Form der strukturellen Kopplung ermöglichen (Lieckweg 2001; Schimank 2005: 232-234). Finanzämter sind beispielsweise unerlässlich für die Realisierung der strukturellen Kopplung zwischen Politik und Wirtschaft über „Steuern".

Diese Organisationen geben der Kopplung eine konkretere Form. Sie sind „Vermittler struktureller Kopplung" (Lieckweg 2001: 278).[1]

Die Kopplung von verschiedenen Kommunikationslogiken über Organisationen gründet auf der Fähigkeit von Organisationen, nicht nur eine, sondern mehrere Logiken gleichzeitig zu respezifizieren. Organisationen können sich über ihre Strukturen strukturell mit verschiedenen Systemen koppeln. Sie sind Multireferenten (Wehrsig/Tacke 1992: 229-231). Empirisch lässt sich beobachten, dass sie sich in verschiedenen Modalitäten auf heterogene Logiken beziehen. Im Allgemeinen machen Organisationen, selbst wenn sie innerhalb des Codes eines Funktionssystems operieren, Konzessionen an andere Systeme. So sind etwa

---

1 Dass Organisationen eine zentrale Rolle bei der Vermittlung verschiedener Logiken haben können, wird auch im Rahmen anderer Theorien festgestellt. So schlagen Boltanski und Thévenot vor, Organisationen als hybride Arrangements aufzufassen, in denen Konfrontationen zwischen verschiedenen Logiken zu Spannungen oder auch zur Bildung von Kompromissen führen können (Boltanski/Thévenot 2007 [1991]: 22-23; 444).

Wirtschaftlichkeitsüberlegungen in jeder Organisation geläufig. Zudem können sie ihre Ziele an mehrere Logiken binden – wie im Fall der Universität –, oder aber etwa nur auf der Ebene einzelner Abteilungen auf sie Bezug nehmen; z.b. verfolgen Unternehmen als zentrales Ziel den Profit, verfügen jedoch auch über Forschungs- und Rechtsabteilungen, die anderen Logiken verpflichtet sind. Organisationen können getrennt voneinander unterschiedliche Logiken entfalten lassen, ohne deren Widerspruche zu thematisieren. Sie können aber auch selektiv Formen des Austausches einrichten (wie Meetings und Konversationskreise, reziprokes Monitoring, Austausch von Ergebnissen, Vorgänge der Koordination usw.) (Luhmann 1964: 88) und dadurch Irritationen kanalisieren (zu den Übersetzungsleistungen von Konversationskreisen: Hutter 1989).

Indem sie heterogene Logiken für sich nutzbar machen, realisieren Organisationen strukturelle Kopplungen zwischen Funktionssystemen oder zwischen diesen und Kommunikationsformen wie der Moral.

Weitere Logiken können dann im Anschluss daran, jeweils ausgehend von ihrer eigenen, spezifischen Perspektive, Bezug auf die organisationale Verarbeitung von Problemen nehmen. Organisationen können in diesem Sinne als gesellschaftliche Einrichtungen der Vermittlung fungieren. Die Vermittlung ist allerdings nur punktuell und temporär. Ausgehend von organisationalen Bearbeitungen setzen dann jeweils weitere Eigenlogiken wieder an, die ihren eigenen Anschluss und ihre eigenen Relevanzen herstellen. Über das Schicksal der eigenen Respezifikationen, die unterschiedliche Logiken kombinieren (etwa spezifische Investitionen in die Forschung) kann keine Organisation entscheiden. Als Konsequenz schaffen Organisationen, indem sie mit Heterogenität umgehen, abermals neue Heterogenität, weil sie abstrakte Formen in unterschiedlicher Art und Weise konkretisieren und für weitere Bearbeitungen zur Verfügung stellen. So erreicht man nie eine Auslöschung von Heterogenität, sondern einen Umgang mit ihr, der sie so transformiert, dass man zeitweise damit arbeiten kann.

Die Konsequenzen, die verschiedene Kommunikationskontexte aufgrund organisationaler Kopplung füreinander auslösen, können als wechselseitige Irritation unterschiedlicher Systeme, die jeweils in der Umwelt der anderen sind, beschrieben werden (Luhmann 1997: 789-797). Systeme können einander „irritieren" in dem Sinne, dass sie ausgehend von Umweltereignissen und Umweltveränderungen Abweichungen von vertrauten Vorgehensweisen feststellen. So können etwa neue Forschungsergebnisse vermittelt durch organisationale Arrangements in Universitäten in die Lehre einfließen und sogar die Entwicklung von Bildungsprogrammen beeinflussen. Einrichtungen der Kopplungen, d.h. auch Organisationen, kanalisieren Irritationen. Das hat zur Folge, dass nur bestimmte Ereignisse als dauerhafte Quellen der Irritation gelten. Der Rest kann vernachlässigt werden.

Das Begriffspaar Autopoiesis und strukturelle Kopplung kann nicht nur beschreiben, sondern auch erklären, wie es möglich ist, dass die Autonomie unterschiedlicher Kommunikationsformen und der Austausch heterogener Logiken zugleich stattfinden können. Die Erklärung gelingt, indem die Entfaltung von Systemen als deren Autopoiesis im Kontext von spezifischen, nur dem jeweiligen System zugehörigen, Operationen aufgefasst wird, das Treffen mit fremden Logiken hingegen als Phänomen verstanden wird, das auf verbindenden Einrichtungen auf der Ebene der Strukturen basiert. Auf struktureller Ebene können Systeme auf die Umwelt Bezug nehmen (Schimank 2005: 86)[2]. Obwohl Moral kein System bildet, kann man auch in diesem Fall zwischen spezifisch moralischer Kommunikation und Strukturen der Moral wie Werten, Normen, moralischen Vorbildern, Tugenden, Gleichnissen usw. unterscheiden.

1.3 Moral in Organisationen

Der Bezug auf Moral kann Legitimationseffekte erzielen, da es im Allgemeinen schwer ist, auf moralische Kommunikation mit Ablehnung zu reagieren und sich explizit gegen moralische Werte auszusprechen (Luhmann 1997: 789-801; Luhmann 1996a; Nassehi 2006). Werte „funktionieren" gerade deshalb, weil ihre universelle Gültigkeit unterstellt wird und sie als solche in die Kommunikation einfließen. So kann man heute etwa in der westlichen Welt nicht gegen Werte wie „Frieden" oder „Sozialbindung von Eigentum" sein. Der Bezug auf moralische Werte erzeugt eine Aura von Interessenlosigkeit, die legitimierend und stabilisierend wirkt. Es ist das Streben nach Universalität bei gleichzeitiger Zurückstellung partikulärer Interessen, das Moral ihre Wirkungskraft verleiht. Von dieser Wirkung können auch Organisationen profitieren. So versuchen Unternehmen etwa mit der Anwendung von Corporate-Social-Responsibility-Maßnahmen wie Verhaltenskodizes und Nachhaltigkeitsberichten Legitimation für ihre Handlungen zu erreichen. Ungeachtet ihrer Effekte auf interne Entscheidungen vermögen diese Instrumente nämlich den Eindruck zu erzeugen, dass ein Konzern Verantwortung übernimmt. Insofern sie auf die beschriebene Art und Weise wirkt, kann Moral als eine Kommunikationsform fungieren, die Differenzen überwindet und folglich mit Heterogenität umgehen kann. Das hat Effekte sowohl für einzelne Organisationen als auch für andere Instanzen in ihrer Umwelt,

---

2   Die Unterscheidung zwischen Operationen und Strukturen ermöglicht es, Wechselwirkung und Autonomie auf verschiedenen Ebenen anzusiedeln. Auf diese Weise kann Luhmann erklären, wie es möglich ist, dass sich bei einem Zusammentreffen unterschiedlicher Logiken einiges verändern kann (nämlich die Strukturen), anderes jedoch identisch bleibt (nämlich die systemspezifischen Operationen).

die mit ihnen kooperieren oder im Wettbewerb stehen. Dank ihrer vereinenden Kraft kann Moral zeitweise in Situationen hoher Unsicherheit, wenn keine sachliche Übereinstimmung erreichbar ist, in Anspruch genommen werden, um die Kommunikation fortzusetzen (von Groddeck 2011). Auch Innovationsprozesse sind unsicher, und deswegen begünstigen sie unter Umständen eine Moralisierung. Dies gilt, obwohl in der modernen Gesellschaft eine Pluralität von Werten und Moralen nebeneinander existiert und Prioritäten zwischen ihnen schwer herzustellen sind (Bergmann/Luckmann 1999 (Hg.); Luhmann 2008 [1978]: 95-96; Luhmann 2008 [1989]: 270-281). Allerdings ist diese Wirkung angesichts der Pluralität der Werte immer prekär.

Moralische Kommunikation kann Legitimation und somit Schutz bieten, sie kann aber auch, wenn sie in eine Organisation eingeführt wird, bestehende Praktiken kritisch hinterfragen. Das kritische Potenzial der Moral ergibt sich aus der Kombination zwischen ihrem Anspruch, allgemeingültige Kriterien für das Gute aufzustellen und der Unmöglichkeit, dies zu erreichen. Bezüglich der Kriterien für das Gute impliziert das Streben nach Universalität, dass Moral symmetrisch operiert und unterstellt, dass für Personen, die sich in einer ähnlichen Lage befinden, dieselben Werte gelten, ohne Ansehen ihrer jeweiligen partikulären Interessen (Luhmann 2008 [1989]: 276ff.). Jedoch ist eine Universalisierung, die imstande wäre eine allgemeine Wertskala festzulegen, gerade in einer differenzierten Gesellschaft nicht möglich. Folglich steht lediglich eine fragmentierte Moral, die allerdings eine allgemeine Definition des „Guten" anstrebt, zur Verfügung. Mit anderen Worten halten unterschiedliche Gruppen unterschiedliche Werte für prioritär. Dies kann zu kontinuierlicher Infragestellung des Bestehenden und zur Erzeugung von Heterogenität führen. Im Rahmen von Organisationen kann moralische Kritik Änderungen initiieren und kann auch Anlass für Suchprozesse werden, die in verbesserten Produkten und Verfahren münden können (Jackall 1983; Homann/Blome-Drees, 1992: 142). Somit kann die Heterogenität, die durch moralische Kommunikation generiert wird, den Weg für Innovationen eröffnen. Dies gelingt aber nur, wenn die Organisation über Strukturen verfügt, die es ihr ermöglichen, Moral positiv als Heuristik anzuwenden. Falls dies nicht der Fall ist, können aus moralischer Kommunikation Konflikte hervorgehen, die schwer einzudämmen sind (Jäger/Coffin 2011.). Beides, Innovation und Konflikt, können dann Anlass für Irritationen anderer Systeme werden, so können Innovationen Märkte verändern und/oder neue politische Regulierungen veranlassen und Konflikte können über organisationale Grenzen hinweg wirken, für schlechte Schlagzeilen sorgen und bis zum Rechtssystem eskalieren.

1.4 Innovation in Organisationen

Innovation ist häufig als ein Phänomen beschrieben worden, in dem das Zusammenspiel verschiedener Logiken ausschlaggebend ist (Rammert 2008). Schon Joseph Schumpeter fasste Innovation als neue Kombinationen verschiedener Elemente auf (Schumpeter 1964 [1911]: 100). Innovation kann als eine Synthese-leistung verstanden werden, die imstande ist, Anforderungen unterschiedlicher Provenienz zu berücksichtigen (Stark 2009). Indem sie eine neue Kombination anbietet, macht Innovation es unter Umständen möglich, Widersprüche zu überwinden. Das ist z.b. der Fall, wenn ökologische Technologien, deren Entwicklung durch eine moralische Verantwortungsübernahme gegenüber der Umwelt motiviert ist, zugleich rentabel werden und somit moralische Anforderungen mit der Logik des Profits vereinbaren.

Innovation als Kombination heterogener Elemente wird von dem Zusammentreffen verschiedener Spezialisierungen begünstigt (Shinn/Joerges 2004). Situationen und Kontexte, die es ermöglichen, dass unterschiedliche Operationsweisen und auch unterschiedliche Evaluationskriterien nebeneinander operieren, wirken deshalb förderlich auf Innovation (Stark 2009). Denn wenn nicht einmal klar ist, ob z.b. ein elegantes Design, Sparsamkeit oder eher die Effizienz einer Technologie das entscheidende Selektionskriterium ist, können gleichzeitig viele Prototypen entwickelt und viele Modelle ausprobiert werden. Als Kontexte, die dies ermöglichen, werden oft Netzwerke oder, spezifischer, heterogene Netzwerke analysiert. Der Grundgedanke dabei ist, dass Netzwerke Akteure (Individuen oder Organisationen) mit unterschiedlichen Motiven, Kompetenzen und Rationalitäten verbinden und deren Interaktion strukturieren können (für einen Überblick Braun-Thürmann 2005: 74-79). Während die Innovationsforschung heute Netzwerke als die privilegierten Instanzen untersucht, die imstande sind, Heterogenität produktiv zu meistern, gerät aus dem Blick, dass es in erster Linie Organisationen sind, die dies leisten (hierzu Besio/Jungmann 2014) – auch jenseits der Frage, ob sie dieses Vermögen durch Vernetzung noch verbessern. Ich will diesbezüglich aufzeigen, dass Organisationen dazu prädestiniert sind, Innovation zu erzeugen, weil sie, wie schon dargestellt wurde, imstande sind, auf verschiedene gesellschaftliche Dynamiken zu blicken und dadurch eine Mannigfaltigkeit von Kriterien bereitzustellen. Ob ihnen dies konkret gelingt, hängt schlussendlich von ihren internen Strukturen ab, wobei diesbezüglich der Abbau von Hierarchien und eine Dezentralisierung der Entscheidungsketten als vorteilhaft gehandelt werden (Shinn/Joerges 2004: 83-85). Organisationen können auch entscheiden, Spielräume für Innovation zu eröffnen, indem sie überhaupt auf eine Definition von Kriterien verzichten. So können sie etwa in ihren Forschungs- und Entwicklungsabteilungen genaue Zielvorgaben vermeiden und sich darauf beschränken, eine grobe Orientierung zu liefern sowie Ressourcen zur Verfügung zu stellen und Ausgangsbedingungen zu definieren (Kamoche/Cunha 2001). Entscheidend ist aber, dass Organisationen nicht nur verschiedene Kriterien bereithalten (dazu: Stark 2009: 19), sondern darüber hinaus auch Arrangements, die die Übersetzung und die Vermittlung differierender Logiken als strukturelle Elemente gestalten können.

Insofern Innovationen über das Bestehende hinausgehen und mit diesem brechen, sind sie ihrerseits wiederum eine Quelle von Heterogenität der Gesellschaft. Dies kann in erster Linie für Organisationen selbst problematisch werden. Zunächst sind Innovationen schwer zu planen bzw. kann ihre Planung sogar als eine paradoxe Aufgabe erscheinen. Denn wie kann man im Voraus das planen, was gerade Resultat eines Innovationsprozesses sein soll (Ortmann 1999)? Eine Budgetierung der notwendigen finanziellen und zeitlichen Ressourcen sowie die Einschätzung des Markterfolgs einer Innovation sind schwierig. Solche Kalkulationen erleichtern aber die Entscheidungsfindung und sind folglich für Organisationen von erheblicher Relevanz. Darüber hinaus können Innovationen nicht nur organisationsintern, sondern auch in den Kontexten, in denen sie diffundieren, bewährte Praktiken in Frage stellen, neue Kompetenzen erfordern und verfügbare Strukturen und Infrastrukturen obsolet machen. Aus diesem Grund verbindet schon Schumpeter mit Innovation die Idee der „schöpferischen Zerstörung": etwas wird kreativ hergestellt auf Kosten von bestehenden Produkten und Strukturen. Die Zerstörung von Bestehendem bedeutet auch, dass eine übertriebene Tendenz zu Innovation die Kumulation von Kompetenzen, langfristige Verbesserungen und Profilbildung behindern kann (zu diesen Risiken: Hannan/Freeman 1984; Levinthal/March 2003). Innovation stiftet Unruhe, da sie, sobald sie verwirklicht wird, ihren kreativen Charakter verliert. Das macht weitere Anstrengungen in Richtung Innovation nötig und diskreditiert zugleich Strategien, die eher auf Anpassung und Bestandserhalt abzielen. Folglich ist eine gelungene Innovation nicht immer vorteilhaft für die Organisation und für die Gesellschaft insgesamt.

1.5 Die Struktur dieses Bandes

Das Phänomen moralischer Kommunikation von Organisationen wird zunächst mit einem theoretischen Beitrag angegangen, der fragt, wie es soziologisch untersucht werden kann. Die soziologische Tradition betrachtete Moral als ordnungsstiftend und sah sie in der Konsequenz als notwendige Voraussetzung für Organisationen an, um ihre Integration in die Gesellschaft aufrecht zu erhalten. Diese These ist heute zunehmend umstritten. Die Tatsache, dass Organisationen dennoch weiterhin moralisch kommunizieren, verlangt also eine neue Erklärung. Ich schlage vor, die Moral von Organisationen als eine kontinuierliche Respezifikation der Moral der Gesellschaft auf der Basis ihrer autopoietischen Dynamiken aufzufassen. Das bedeutet erstens, dass Organisationen moralische Werte überhaupt nur selektiv wahrnehmen und zweitens, dass sie Moral in solche Formen respezifizieren (z.b. mit speziellen Managementinstrumenten), die sie sich in ihren Entscheidungsprozessen zunutze machen können. Das Resultat ist weniger eine bessere Integration als vielmehr eine in sich zwiegespaltene Wirkung: Einerseits kann Moral einen Legitimationseffekt auslösen, der im Sinne des Neoinstitutionalismus das Bestehende schützt, andererseits kann sie durch ihr hohes kritisches Potenzial auf bestehende Probleme und Unzulänglichkeiten hinweisen. Beides kann sich für Organisationen als vorteilhaft erweisen, ist aber nicht ohne Risiken.

Das zweite Kapitel ist eine revidierte Fassung des englischen Beitrags "Morality, Ethics and Values outside and inside organizations. An example of the discourse on climate change", verfasst zusammen mit Andrea Pronzini und erschienen in: Journal of Business Ethics 119(3), 287-300. Dieser Text widmet sich dem konkreten Fall des hoch moralisierten massenmedialen Diskurses über den Klimawandel. Im Falle des Klimawandels werden Unternehmen nicht nur durch politische Regulierungen dazu aufgefordert klimaschädliche Emissionen zu reduzieren, sondern auch vom gesellschaftlichen Diskurs, der in der massenmedialen Öffentlichkeit seinen Ausdruck findet. Sie werden als mitverantwortlich für die globale Erwärmung angesehen und werden in die Pflicht genommen, zur Lösung dieses Problems beizutragen. Angesichts der Relevanz der massenmedialen Darstellung können Unternehmen dies schwerlich übersehen; allerdings kann man gerade an diesem Fall gut zeigen, dass sie moralische Aufforderungen in Formen respezifizieren, die mit ihren internen Dynamiken kompatibel sind. So führen sie z.B. formale Instrumente der Ethik wie Nachhaltigkeitsberichte ein, die wie andere managerielle Instrumente funktionieren, oder initiieren nachhaltigkeitsorientierte Projekte, die aber vom Rest der Organisation abgekoppelt bleiben.

Das dritte Kapitel ist eine revidierte Fassung des Artikels „Heterogeneity in world society. How organizations handle contradicting logics", geschrieben zusammen mit Uli Meyer und erschienen in: Boris Holzer/Fatima Kastner/Tobias Werron (Hrsg.) (2015): From Globalization to World Society. Neo-Institutional and Systems-Theoretical Perspectives. London/New York: Routledge, 237-257. In diesem Beitrag werden neoinstitutionalistische Ansätze mit der Systemtheorie von Niklas Luhmann kombiniert, um den organisationalen Umgang mit heterogenen Logiken zu untersuchen. Der Beitrag zeigt, dass Heterogenität nicht immer zu Konflikten führt, sondern dass in der Moderne Mechanismen entstehen, die zwischen verschiedenen Logiken vermitteln. Am Beispiel von zwei Non-Profit-Organisationen, die im Feld der Entwicklungshilfe operieren, werden Organisationen als solche Mechanismen beschrieben. Sie sind nicht nur imstande, verschiedene Logiken für ihre Entscheidungsprozesse produktiv anzuwenden, sondern wirken sich auch auf die Dynamiken von Funktionssystemen aus. So machen sich die untersuchten Organisationen z.B. die heterogenen Logiken der Moral und des Profits zunutze und vermitteln diese gleichzeitig auch auf der Makroebene: es wird Geld für gute Zwecke verfügbar gemacht, und dies trägt sowohl zur wirtschaftlichen Dynamik als auch zur Entfaltung von Entwicklungshilfe bei.

Das Phänomen Innovation steht im Zentrum des vierten Textes, der fragt, in welchen Formen und mit welchen Funktionen Moral, Ethik und Werte auf Innovationsprozesse in Unternehmen wirken. Es wird gezeigt, dass abhängig davon, welcher theoretische Zugang gewählt wird, jeweils unterschiedliche Aspekte betont werden können: So machen die klassischen soziologischen Theorien der Integration in der Tradition von Durkheim auf Akzeptanzphänomene aufmerksam; eine neoinstitutionalistische Analyse zeigt die Diskrepanz zwischen wertgeladenen Fassaden, die Innovation legitimieren, und Innovationsprozessen, die einer eigenen Dynamik folgen; systemtheoretisch wird vor allem betont, dass Moral kontextbezogen immer wieder respezifiziert wird und Innovationsprozesse entweder unterstützen und anregen oder umgekehrt blockieren und gefährden kann, je nachdem, wie in speziellen organisatorischen Kontexten darauf Bezug genommen wird. In diesem Beitrag dienen vor allem Ergebnisse aus eigenen Studien zur Energiewirtschaft als illustrative Beispiele (Besio 2014; 2016).

Im Schlusskapitel wird skizziert, inwiefern die hier gesammelten Beiträge über das Verständnis des Phänomens der Moral in Organisationen und ihrer Wirkungen auf Innovationsprozesse hinaus theoretische Entwicklungen im Rahmen der Soziologie der Moral, der Innovationsforschung und vor allem der Organisationssoziologie vorantreiben.

2 Die Moral von Organisationen

2.1 Einleitung

Es gibt zahlreiche Beispiele von Organisationen, die nicht moralisch handeln. Die Massenmedien berichten häufig über Unternehmen, die skrupellos nur nach Gewinn streben, oder über politische Organisationen wie Parteien, die etwa unerlaubte Spenden annehmen und sogar über die moralischen Schwächen von NPOs und der Kirche. Aus dieser Perspektive scheinen Organisationen entweder moralisch schlecht oder höchstens „adiaphoric" zu sein. Diesen Begriff verwendet Zygmunt Bauman, um zum Ausdruck zu bringen, dass Organisationen weniger absichtlich „böse" sind, als vielmehr jenseits der Moral operieren. Sie sind moralisch indifferent und ziehen eher andere, etwa technische, Kriterien anstelle von moralischen Überlegungen heran, um Entscheidungen zu treffen (Bauman 1992: 241).

Demgegenüber wird etwa im Rahmen von Studien zu Wirtschafts- und Unternehmensethik empirisch beobachtet, dass moralisch-ethische Kommunikation im Kontext von Organisationen, und dort nicht nur in NPOs, sondern auch etwa in politischen Organisationen und sogar in Unternehmen, de facto stattfindet. Organisationen können moralische Gesichtspunkte sogar in ihre Zwecksetzung einbinden. Dies geschieht etwa in den Bereichen der Sozialarbeit, der Entwicklungshilfe oder dem Umweltschutz. Zudem es gibt Anzeichen dafür, dass diese Kommunikation im Zuge der sogenannten Corporate-Social-Responsibility-Bewegung[3] seit Anfang der 90er Jahre zunimmt (einen Überblick für Deutschland bietet: Wieland 2004).

Offensichtlich ist das Verhältnis zwischen Organisation und Moral komplex und nicht eindeutig. Diese Unbestimmtheit möchte ich als Ausgangspunkt nehmen und untersuchen, ob und wie Organisationen Moral in ihre Strukturen einführen und in ihren Entscheidungsprozessen in Anspruch nehmen. Angestrebt ist eine soziologische Erklärung dieses Sachverhalts. Dies unterscheidet meine Analyse von Studien zur Ethik der Organisation, die Modelle entwickeln, wie Unternehmen ethisch handeln sollen. Solche, überwiegend philosophischen und religionswissenschaftlichen Beiträge werden hier nur am Rande berücksichtigt, weil ihr normativer Gehalt wenig zur Erklärung des konkreten Umgangs mit Moral und Ethik in

---

3 Corporate Social Responsibility (CSR) ist ein Sammelbegriff, der auf ethisches und verantwortbares Handeln in vielen Dimensionen verweist: von der Einhaltung der Menschenrechte über die Verhinderung von Betrug und die Vermeidung ökologischer Schäden bis zur Chancengleichheit. In der Praxis umfasst CSR Initiativen und Maßnahmen im Bereich der Gesundheit, Sicherheit, Menschenrechte, Umweltschutz usw.

Organisationen beiträgt. In diesem Beitrag wird weder für Moral im Sinne etwa des Bedarfs einer (Re-)Moralisierung der Organisationen, der Märkte oder des politischen Handelns (für einen Überblick siehe Jäger/Coffin 2011: 36-38) plädiert, noch aber davor gewarnt (sowie Luhmann 2008 [1989]: 280). Vielmehr geht es darum, das Potenzial einer soziologischen Erklärung der Moral von Organisationen zu sondieren. Obwohl die Versuche, soziologische Ansätze für diese Frage produktiv zu machen bis jetzt nicht zahlreich sind und theoriegeleitete soziologische Analysen bisher ein Forschungsdesiderat bleiben (siehe Clegg et al. 2007; Hendry 2001), ist zu vermuten, dass eine solche Erklärung weit über die verbreitete These hinaus gehen kann, dass Moral nur in Anspruch genommen wird, wenn ein strategisches Kalkül zeigt, dass es sich ökonomisch lohnt.

Dieser Beitrag startet mit der klassischen soziologischen Idee der Moral als Mittel der Integration der Gesellschaft und zeigt, dass die zentrale Rolle, die in diesem theoretischen Rahmen der Moral, und folglich auch der Moral der Organisation, zugeschrieben wird, heute nicht mehr überzeugend ist (2). Anhand der neoinstitutionalistischen Begriffe von Isomorphie und Entkopplung zeige ich dann, dass Moral in unserer Gesellschaft dennoch im Allgemeinen und für Organisationen insbesondere unverzichtbar ist (3). Um die Relevanz der Moral zu analysieren, muss man sich aber von der Idee einer einheitlichen Moral verabschieden und beobachten, wie Moral in verschiedenen Kontexten und auf verschiedenen Ebenen immer neu gestaltet wird. Um zu erklären, wie dies gesellschaftlich (4) und in Organisationen (5) geschieht, greife ich auf die Systemtheorie von Niklas Luhmann zurück. Gerade diese Theorie, die Moral in der Beschreibung der modernen Gesellschaft eine untergeordnete Rolle beizumessen scheint, bietet interessante Gesichtspunkte an, um Formen und Folgen der Moral von Organisationen aufzufassen (6).

2.2 Moral wirkt integrativ

Die Idee, dass Moral integrativ wirkt, findet man in einer ausgearbeiteten Form schon bei Émile Durkheim. Nach Durkheim kommt keine Gesellschaft ohne Moral aus, weil sie dasjenige Element ist, das die Gesellschaft zusammenhält. Auch und gerade die moderne Gesellschaft, die durch Arbeitsteilung und somit nicht durch gleichartige, sondern durch verschiedenartige Einheiten charakterisiert ist, braucht Moral (Durkheim 1988 [1930]: 162-184). Nach dieser Auffassung sind Arbeitsteilung und Moral nicht zwei unvereinbare Phänomene, sondern ist der Begriff der Arbeitsteilung mit den Begriffen der Solidarität und der Moral verbunden (dazu: Luhmann 2008 [1992]: 11). Die Moral der modernen Gesellschaft hat eine besondere Form, die der Gesellschaftsstruktur entspricht.

So wie die Gesellschaft auf strukturelle Ebene von einer Vielfalt von Beziehungen gekennzeichnet ist, sind die Moralvorstellungen vielfältig: Man hat gleichzeitig eine Vielzahl partikulärer Moralen, die in unterschiedlichen Kontexten wie Familie oder Beruf jeweils gelten und darüber hinaus eine universalistische Moral, die sich auf alle Menschen bezieht (Liebig 2007: 11; Müller 1992).

Moral ist hier stark positiv gedeutet. Der Gegensatz von Moral ist strategisches Verhalten, das einzig die Erfüllung von eigenen Interessen anstrebt. Die Idee ist, dass man soziale Ordnung und nicht ständigen Konflikt hat, weil Individuen nicht egoistisch handeln, sondern sich solidarisch verhalten, Werte und Verhaltensnormen übernehmen und danach handeln.

Wichtig für den vorliegenden Beitrag, der die Frage der Moral der Organisation stellt, ist, dass Durkheim in seiner Zeit beobachtet, wie sich eigennütziges, interessengeleitetes Handeln insbesondere im Bereich der Wirtschaft, und dort als Verhalten von Individuen als Organisationsmitgliedern, Managern sowie Arbeitern verbreitet und sieht dies als eine Bedrohung für die gesamte Gesellschaft (Durkheim 1988 [1930]: 421-442; Durkheim 1992 [1957]: 1-13). Was Durkheim fürchtet, ist Anomie und somit die Desintegration der Gesellschaft. Den Ausweg aus dieser Lage sieht er in der Entwicklung von Berufsverbänden, die ähnlich wie mittelalterliche Gilden funktionieren und Hüter einer professionellen Ethik werden sollen, die die Integration in der Berufsgruppe gewährleisten sollen (Jäger/Coffin 2011: 77-78; Hendry 2001: 212). Diese gruppenbezogene und organisationsgestützte Integration ist wichtige Voraussetzung zur gesellschaftlichen Integration, weil sie die moralische Kooperation der sozialen Gruppen sichert (Müller 1992: 57).

Die Rolle der Moral für Organisationen wird aber von einem anderen Theoretiker explizit reflektiert, der, wie Durkheim, die These vertritt, dass Moral das Bindeglied der Gesellschaft ist: Talcott Parsons. Auch nach Parsons würden egoistische Interessen zur Desintegration der Gesellschaft führen und die Tatsache, dass dies gerade nicht geschieht, ist sozialen Institutionen zu verdanken, die gemeinsam geteilte Werte verkörpern. Diesen Werten folgen Menschen nicht aufgrund strategischer Kalküle, sondern aufgrund intrinsischer Motivation (Parsons 1968 [1937]: 44ff.). Wertorientierungen und Moral sind aus Parsons Abhandlungen nicht wegzudenken; dies gilt für frühere sowie für spätere Werke. In Parsons Systemtheorie tragen Werte dazu bei, Gleichgewichtszustände zu sichern. Die normative Orientierung hat bei der Bewältigung von Problemen der funktionalen Differenzierung eine besondere Stellung. Das kann man daran ablesen, dass Parsons Kultur, und damit Werten, einen speziellen Rang in der Steuerungshierarchie einräumt (Giegel 1997: 342-343; Parsons 1972: 15). Nach Parsons werden zwar verschiedene Systeme durch spezifische Medien (wie Geld oder Einfluss) koordiniert, aber dies gelingt nur, wenn man eine gemeinsame

Kultur voraussetzt, die übergeordnet ist. Dabei sind Werte nicht nur moralische Werte. Letztere machen aber den Kern der Kultur aus, weil alle Werte letztendlich eine moralisch-religiöse Legitimation haben (Jäger/Coffin 2011: 79-80).

Ausgehend von diesem allgemeineren Theorierahmen analysiert Parsons das Verhältnis zwischen Organisation und Werten und zeigt, wie wichtig der Bezug auf Werte für das Überleben der Organisation ist (Parsons 1956). Wenn Organisationen die Werte der Gesellschaft nicht widerspiegeln, können sie ihre Produkte nicht verkaufen, Mitarbeiter nicht motivieren, keine Unterstützung bekommen und dementsprechend nicht wachsen. Eine Organisation gilt hingegen als legitim, wenn sie sich an gemeinsam geteilten Werten orientiert. So gedeihen etwa Unternehmen, wenn sie sich am Wert der „economic rationality" (Parsons 1956: 68) orientieren und nicht Gier oder Eigennutz ins Zentrum stellen. Um ihre Wirksamkeit zu entfalten, soll sich die Wertorientierung in der Definition der Ziele, Anreizsysteme und Praktiken der Organisationen niederschlagen. Wenn dies gelingt, sorgen Organisationen für die Motivation der Mitglieder (Heckscher 2009) und sind in die Gesellschaft integriert. Das gilt offensichtlich für Organisationen, die durch öffentliche Mittel unterstützt werden, aber auch für Unternehmen, die nur Produkte verkaufen, die Akzeptanz finden.

Indem die Soziologie die Relevanz von Moral betont, entfernt sie sich von ökonomischen Modellen, die das menschliche Verhalten aufgrund strategischer Handlungsmaximen erklären. In der soziologischen Perspektive ist das Handeln vielmehr durch Normen beeinflusst, die sozial konstruiert sind. Individuen folgen Normen nicht aus einem interessengeleitetem Kalkül, sondern weil sie diese in langwierigen Sozialisationsprozessen internalisieren.

Die Idee, dass Normen und Werte eine derart prominente Rolle in der Erklärung des menschlichen Verhaltens spielen, ist stark in der soziologischen Tradition verankert, ist noch heute weit verbreitet und dient als Basis für viele normative Ansätze der Wirtschafts- und Unternehmensethik. Dort gilt die Annahme, dass eine reine Profitorientierung zu Krisen führen würde und eine Moralisierung von Märkten nötig sei, um die Nebenfolgen wirtschaftlichen Handelns aufzufangen und das Wirtschaftsgeschehen in einer humaneren Art und Weise zu gestalten (für einen Überblick: Jäger/Coffin 2011: 31-38).

Die These der integrativen Rolle der Moral ist aber heute weder empirisch noch auf der Ebene der Theorie der Gesellschaft haltbar. Denn diese These setzt schlussendlich eine zugrundeliegende Gesamtheit von Normen und Werten einer Gesellschaft voraus, die alle gesellschaftlichen Bereiche durchdringt. Diese einheitliche Moral wäre imstande, unterschiedliche Logiken, die aus Differenzierungsprozessen entstehen, wieder zusammen zu bringen – so der Grundgedanke (für Organisationen siehe auch: Heckscher 2009: 624). Aus zwei Gründen kann diese Wirkung aber in der Moderne nicht eintreten: 1. Die Pluralisierung und die Instabilität der Werte und der Kulturen ist eher der Normalfall und dies macht es unmöglich, einen festen Boden in einer gemeinsamen Moral zu finden (u.a. Luck-mann 1998; Eisenstadt 2006; Bergmann/Luckmann 1999 (Hrsg.); Luckmann 2003: 280-283; Liebig 2007: 26; Massengill/Reynolds 2010: 491). Die Globalisierung sprengt definitiv auch die Grenzen von Nationalstaaten, die früher noch als Orte eines einigermaßen stabilen und homogenen Wertzusammenhangs gelten konnten (Palazzo/Scherer 2006; Willke/Willke 2008); 2. In der Moderne entstehen Formen der sozialen Ordnung, die nicht mit Moral koinzidieren (Luhmann 1997: 743-758; Luhmann 1993a: 76-80; Luhmann 2008 [1993]: 163-174). So Adam Smith: „Nicht vom Wohlwollen des Metzgers, Brauers und Bäckers erwarten wir das, was wir zum Essen brauchen, sondern davon, daß sie ihre eigenen Interessen wahrnehmen" (Smith 1974 [1776]: 17). Ein ökonomischer Tausch erfolgt, weil der Preis stimmt und nicht, weil der Käufer moralisch gut ist. Integration, oder genauer, Anschluss findet auf der Ebene von spezifischen Funktionssystemen aufgrund der Anwen-dung von Prozeduren statt und ist durch generalisierte Medien garantiert. Weder das reine strategisches Handeln, noch die Orientierung an Werten kann diese Pro-zesse erklären.

2.3 Isomorphie und Entkopplung

Eine alternative Erklärung der Rolle der Moral für Organisationen bietet der sozio-logische Neoinstitutionalismus an. Neuere Entwicklungen im Rahmen dieser The-orie heben hervor, dass institutionelle Umwelten aus unterschiedlichen Logiken bestehen, die einander sogar widersprechen können (u.a. Friedland/Alford 1991; Thornton/Ocasio 2008). Dieser Ansatz kann erklären, wie sich Institutionen trotz Spannungen und Widersprüchen verbreiten. Dies gelingt, weil nicht mehr mit einem Begriff von Integration operiert wird, der Internalisierung und konkrete Anwendung von Normen impliziert und alternativ nur Desintegration vorsieht. Vielmehr ist der neoinstitutionalistische Kernbegriff der Legitimation so aufge-fasst, dass er einerseits erklären kann, wie Werte und Normen als „taken for gran-ted" gelten und sich entsprechend verbreiten, andererseits mit Verweis auf das Phänomen der Entkopplung die Tatsache berücksichtigen kann, dass in vielen Fällen Normen zwar formell übernommen werden, jedoch auf der Ebene der Akti-vitätsstruktur nicht angewendet werden (Meyer/Rowan 1977).

Im Anschluss an die soziologische Tradition ist für den Neoinstitutionalis-mus das Verhalten von Akteuren nicht (oder nicht nur) strategisch zu erklären. Zentral ist vielmehr die „passive" Übernahme von Werten und Verhaltensmus-tern, die als legitim gelten. Was Organisationen angeht ist die Idee, dass sie ihre Identität und ihre Strukturen ausgehend von Verhaltensmustern und Wertvorstel-lungen gestalten, die in einem organisationalen Feld (DiMaggio/Powell 1983) oder sogar global unhinterfragt gelten (u.a. Meyer/Jepperson 2000; Meyer et al.

2006). Wenn sich Organisationen so verhalten, sind sie in ihren Handlungen legitimiert, werden als wertvolle Partner geschätzt und können Unterstützung für ihre Vorhaben bekommen. Davon offen abzuweichen, macht hingegen komplexe Rechtfertigungen nötig. Das hat zur Folge, dass Organisationen ähnliche Verhaltensmuster und Werte in ihre formalen Strukturen übernehmen und einander dadurch immer ähnlicher werden. Dieses Phänomen wird Isomorphie genannt (DiMaggio/Powell 1983). Da aber die Erwartungen, die institutionalisierte Verhaltensmuster stellen, oft übertrieben und widersprüchlich sind, tendieren Akteure dazu, sich nur zeremoniell darauf zu beziehen, ihre Tätigkeiten aber anders zu koordinieren. Dies ist mit Entkopplung gemeint.

Wie diese Theorie mit dem Begriffspaar der Isomorphie und Entkopplung arbeitet, kann man beispielhaft am Phänomen CSR zeigen (u.a. Bluhm 2008; Hiß 2006; Shanahan/Khagram 2006). Neoinstitutionalistische Studien zu CSR widmen sich vor allem der Diffusion von CSR-Standards. Sie untersuchen, wie CSR zu einem Managementinstrument wird, das als legitim gilt, obwohl weder prüfbar ist, dass sich Ethik für Unternehmen ökonomisch lohnt, noch sicher ist, dass Ethik die Gesellschaft verbessert. Die Diffusion von CSR findet durch informellen Zwang seitens politischer Instanzen statt, die etwa mit Regulierungen drohen, falls keine freiwilligen Maßnahmen eingeführt werden; sie findet auch durch normativen Druck statt, der von Seiten der Ranking- und Beratungsagenturen ausgeübt wird; die Diffusion findet aber vor allem als Imitation statt. Wenn z.B. Wal-Mart die ausgestoßenen Treibhausgase auf Etiketten offenlegt, führt Coca-Cola dies zumindest für zwei Produkte ein und REWE und EDEKA müssen rechtfertigen, dass sie dies „zunächst" nicht tun (Bluhm 2008: 157).

Die genannten Studien weisen nach, dass Unternehmen anerkannte CSR-Muster auf der formalen Ebene übernehmen: Sie führen Sozialberichte ein, legen in Verhaltenskodizes Normen fest und führen Kontrollverfahren ein, um deren Einhaltung zu überprüfen. Insofern solche Maßnahmen in ähnlichen Formen von unterschiedlichen Organisationen angewendet werden, kann man von Isomorphie sprechen. Dies alles fungiert aber oft nur als Fassade und wird dann intern entkoppelt. Man kann formelle Regeln einführen, aber die ungeschriebenen Gesetze der Organisation entkräften sie (Gordon et al. 2009; Howard-Grenville/Hoffman 2003). Das heißt, dass Kernentscheidungen keineswegs aufgrund von moralischen Kriterien getroffen werden.

Die Formen und der Grad der Entkopplung können aber stark variieren. Zuerst übernehmen Unternehmen üblicherweise nur ausgewählte Aspekte der CSR. Z.B. engagiert sich Wal-Mart für Umweltfragen, aber nicht für bessere Arbeitsbedingungen. Außerdem kann man gerade in diesem Bereich nicht übersehen, dass Organisationen nicht passiv externe Vorgaben übernehmen, sondern aktiv an Netzwerken und Foren teilnehmen, in denen ethische Standards und Praktiken ihrer Implementation entwickelt werden (z.B. Hiß 2006: 286-293; Curbach 2009:

119-131; Holzer 2010:94-96). Vor allem sollen Entkopplungsphänomene nicht darüber hinwegtäuschen, dass es durchaus Fälle gibt, in denen moralische Werte tatsächlich implementiert werden. Entkopplung kann in manchen Fällen nur ein temporäres Phänomen sein und das, was zuerst als Fassade gilt, kann später strukturell wirken (zu dieser Debatte für den Fall Nike siehe: Scherer 2003: 18-47).

Neoinstitutionalistische Analysen setzten den Akzent auf Institutionen, ihre Stärke besteht in der Beschreibung von Institutionalisierungsprozessen. Darüber hinaus verweisen sie auf Entkopplung, um dem Umstand Rechnung zu tragen, dass der Umgang mit Institutionen unterschiedlich ausfallen kann. Im Ergebnis beschreibt der Neoinstitutionalismus Organisationen zwar als institutionalisiert, aber nicht als von außen determiniert. Die Frage ist aber, ob diese Theorie über Begriffe verfügt, die nicht nur die Institutionalisierung, sondern auch die „Undeterminiertheit" erklären können.

Eine verbreitete Kritik am Neoinstitutionalismus besagt, dass diese Theorie gerade die empirisch beobachtete Varietät im Umgang mit Institutionen theoretisch nicht zufriedenstellend erklären kann. Das hinge damit zusammen, dass strategisches Handeln und damit Macht und Interessen der Akteure unterschätzt werden (zusammenfassend zu dieser Kritik siehe Oliver 1991; Scott 2001: 193-194). Das gilt sicherlich für frühere Werke und ist dadurch zu erklären, dass sich dieser Ansatz gerade in der Auseinandersetzung mit der Idee des „heroischen" Akteurs entwickelt hat und aus diesem Grund schwerlich rational kalkulierende, interessengeleitete, ontologisch gegebene Akteure wieder einführen kann. Inzwischen sind aber im Rahmen des Neoinstitutionalismus Begrifflichkeiten verfügbar, die Akteure berücksichtigen, ohne diese auf strategisch handelnde Subjekte zu reduzieren. Schon 1988 führt DiMaggio den Begriff des „institutional entrepreneur" ein, der erklärt, wie Akteure von Institutionen geprägt sind und zugleich zu ihrer Änderung beitragen. Grundlegend für die Forschungslinie, die sich mit dem sogenannten „institutional work" (Lawrence/Suddaby 2006), d.h. mit Prozessen der Änderung, Entwicklung und Aufrechterhaltung von Institutionen beschäftigt, ist zudem der Beitrag von Christine Oliver, die beobachtet, dass Organisationen auf institutionelle Umwelten mit verschiedenen Strategien reagieren. So gehen Unternehmen in manchen Fällen Kompromisse ein, leisten aktiv Widerstand und manipulieren sogar die Umwelt (Oliver 1991).

Während diese Konzepte machtvolle Akteure fokussieren, betonen darüber hinaus Begriffe wie diejenigen der „translation" und der „endogenous law", dass Änderungsprozesse durch Praktiken, Strukturen und Deutungsmuster von Organisationen bedingt werden. Anhand dieser Begriffe kann man zeigen, dass die Übernahme von Institutionen nie direkt, sondern immer vermittelt ist. So werden nach Czarniawska/Sevón (1996) Institutionen nie als solche übernommen, sondern Übertragung impliziert immer Veränderung. Aus diesem Grund, um Diffusionsprozesse aufzufassen, wenden sie den Begriff der „translation" anstelle des

Begriffes der Isomorphie an. Und Edelman (2005) zeigt mit dem Begriff der „endogenous law", dass Organisationen durch ihre jeweils spezifischen Formen der „compliance" dazu beitragen, Gesetze zu ändern und zu gestalten. Gesetze sind dann nicht mehr als stabile exogene Institutionen aufzufassen, sondern werden in Institutionalisierungsprozessen von den Subjekten geändert, die sie regeln.

Dies sind interessante Entwicklungen, die es ermöglichen zu beschreiben, dass eine Transformation von Institutionen kontinuierlich stattfindet. Jedoch sind auch diese Begriffe nicht imstande zu konzeptualisieren, wie dies geschieht. Die Autoren verweisen zwar auf organisationale Strukturen, Narrationen und Praktiken, verfügen aber nicht über eine Begrifflichkeit, die die Einheit und die Eigendynamik der Organisation erfassen und damit die Art und Weise, wie die genannten Elemente zusammenhängen, erklären kann. Ohne eine solche Begrifflichkeit kann man auch nicht erklären, wie zwischen den beiden Ebenen der Institution und der organisationalen Akteure vermittelt wird. Deswegen rekurriert der Neoinstitutionalismus an dieser Stelle auf andere Theorien. Häufig wird auf die Praxistheorien von Anthony Giddens und Pierre Bourdieu zurückgegriffen (Lawrence/Suddaby 2006; Scott 2001: 200-203; Hiß 2006: 242-255 für den Fall CSR), es gibt aber auch Vorschläge, die Systemtheorie von Niklas Luhmann heranzuziehen (Hasse/Krücken 2005). An diesen Letzten schließe ich an.

2.4 Moral, Ethik und Werte in der Systemtheorie von Niklas Luhmann

Die Systemtheorie von Niklas Luhmann scheint Moral in Organisationen nicht zu erwarten. Organisationen sollen ja gerade von Moral entlasten (Ortmann 2010a: 20-21). Sie funktionieren gerade deshalb so gut, weil sie Distanz zu moralischen Bewertungen nehmen und sich auf spezifische Prozeduren konzentrieren. Dies ist aber nur ein Teil der Analyse. Denn Organisationen schließen Moral zwar aus, um eine Eigendynamik zu entfalten, können sie aber unter der Bedingung ihrer eigenen Autopoiesis wieder einführen. Um diesen Sachverhalt zu erklären, wende ich den Begriff der „Respezifikation" an (Ackerman/Parsons 1967: 36-38; Luhmann 2002a: 144; Luhmann 1994a: 302-323) und zeige, wie Organisationen Moral von ihren Eigendynamiken ausgehend respezifizieren, d.h. die generalisierte gesellschaftliche Moral für ihre eigenen Entscheidungsprozesse brauchbar machen. Durch diese Analyse ist es auch möglich, die neoinstitutionalistische Figur der Entkopplung neu zu denken. Konzeptionell gelingt dies, weil die Systemtheorie anstelle eines allgemeinen Begriffs der Institution, die sowohl gesellschaftlich als auch organisatorisch Geltung haben soll, einerseits eine Definition von moralischer Kommunikation als eine spezifische Form gesellschaftlicher Kommunikation und andererseits einen klaren Organisationsbegriff anbietet, der unterschiedliche organisationale Reaktionen erfassen kann.

2.4.1 Moral, Ethik und Werte

Was die Rolle der Moral in der Gesellschaft angeht, so betont Niklas Luhmann mehrfach, dass Moral in einer funktional differenzierten Gesellschaft keine integrative Funktion haben kann. Moral ist keine Ansammlung von Werten, die institutionalisiert und internalisiert für Integration sorgen würden. Sie ist nicht imstande, eine Konvergenz verschiedener Kontexte herzustellen. Denn neben der Moral operieren heute die verschiedenen Logiken der Funktionssysteme, die ohne Moral funktionieren. Trotzdem, so Luhmann: „wäre [es] irrig, wollte man behaupten, dass in der modernen Gesellschaft die Bedeutung der Moral abnimmt" (Luhmann 1997: 400). Welche Bedeutung hat dann aber Moral heute?

Moral wird systemtheoretisch nicht als eine Gesamtheit von Werten, sondern als eine spezifische Kommunikationsform unter anderen definiert, die sich an dem Code gut/schlecht orientiert.[4] Moralische Kommunikation unterscheidet zwischen gutem und schlechtem Verhalten. Indem sie auf gesamte Personen bezogen wird, nimmt sie die Form Achtung/Missachtung ein (Luhmann 2008 [1978]: 97ff.; Luhmann 2008 [1989]: 272 ff.). Obwohl Luhmann immer wieder den allgemeineren Code gut/schlecht erwähnt, konzentrieren sich seine Abhandlungen und weiteren Analysen der Moral in der systemtheoretischen Tradition überwiegend auf die Unterscheidung Achtung/Missachtung (Fuchs 2010; Jäger/Coffin 2011; Kieserling 1998). Achtung ist für Luhmann sogar der Grund für Moral (Luhmann 2008 [1978]: 104).

Im Gegensatz dazu wird hier das vorhin erwähnte allgemeinere Verständnis der Moral zugrunde gelegt und wird Moral als eine Kommunikation aufgefasst, die den Code gut/schlecht anwendet und deren Beurteilungskriterien an einer Vorstellung von Gut und Böse ausgerichtet sind (Luckmann 1998: 33). Denn empirisch kann man feststellen, dass Kommunikation, die am Code gut/schlecht orientiert ist, auch andere Einheiten wie Länder, Institutionen oder Organisationen als moralisch gut oder schlecht bewertet. Moral bezieht sich auch auf Handlungen oder Ergebnisse von Handlungen wie Projekte und sogar Technologien. Sie definiert Regeln, um Individuen, aber auch deren Aktivitäten als gut oder schlecht zu beurteilen (Willke/Willke 2008: 30).[5] Wenn man Moral als eng mit Achtung und Missachtung verbunden ansieht, dann wird Moral in der Hauptsache als alltagsbezogen

---

4   Wohl bemerkt: wenn moralische Kommunikation die Orientierung an dem Code gut/schlecht ist, dann sind auch die Moral der Fundamentalisten oder die „Schurkenmoral" Moralen unserer Gesellschaft.

5   Van den Daele liefert in einer systemtheoretisch inspirierten empirischen Analyse ein Beispiel einer derartigen Kommunikation. Er beobachtet nämlich, wie in einem diskursiven Verfahren der Technikfolgenabschätzung zur Gentechnologie die Teilnehmer über die „Unmoral" Anderer reden (van den Daele 2001: 11). Davon ausgehend wird von Einzelnen abstrahiert: Man diskutiert Moralverstöße abstrakt und nicht auf Personen bezogen.

aufgefasst. Eine solche Auffassung schließt die Möglichkeit aus, Situationen zu analysieren, in denen Moral über Institutionen oder Regeln oder Praxen vermittelt wird (Liebig 2007: 42). Diese Phänomene sind aber wichtig, wenn man das Verhältnis zwischen Moral und Organisation analysieren will.

Moral ist eine spezifische Kommunikationsform, aber sie bildet kein System (Luhmann 2008 [1978]: 153-156). Das hängt damit zusammen, dass Moral zur Universalisierung neigt (Luhmann 1997: 1036-1045; Luhmann 2008 [1989]: 274-281) in dem Sinne, dass, wenn alle Menschen gleich sind, die Regeln für das „gute Verhalten" für alle gleich gelten sollen[6]. Das Streben nach Universalität ist das Element, das Moral legitimiert. Man kann denjenigen, die moralisch kommunizieren nicht unterstellen, dass sie Eigeninteressen verfolgen, sondern sie wollen das universell Gute. Gleichzeitig behindert aber diese Tendenz Systembildung. Moral kann in jeder Situation sowie auf jeden Sachverhalt angewendet werden und jeder ist im Prinzip fähig, ein moralisches Urteil zu fällen. Folglich kann sich Moral nicht auf Probleme in spezifischen Bereichen konzentrieren, sondern neigt dazu, überall zum Einsatz zu kommen. Wegen der Tendenz zur Universalität ist es schwierig, konkrete Programme zu definieren, um in spezifischen Situationen den moralischen Code anzuwenden. Die Kehrseite der Universalisierung ist in anderen Worten, dass „[die] moralisch engagierende Formulierung eines Problems und die Formulierung eines Problems unter dem Gesichtspunkt der Bedingungen seiner Lösbarkeit auseinander [klaffen]." (Luhmann 2008 [1978]: 156)

Dies gilt in erster Linie für Kommunikation, die moralische Werte vermittelt. Werte werden seit dem 18. Jahrhundert als Präferenzen definiert, die allgemein akzeptiert sind (Luhmann 1996a)[7]. Sie werden als allgemein gültig unterstellt und erschweren es, offen gegen sie zu argumentieren. Werte spielen bei moralischer Kommunikation eine zentrale Rolle, weil sie darüber befinden, unter welchen Voraussetzungen Achtung oder Missachtung projiziert wird (Fuchs 2010: 17-23) bzw. zwischen gut und schlecht unterschieden wird. D.h. sie gehören zu den Regeln, die die Anwendung des Codes ermöglichen. Werte werden zwar nicht nur bei der Moral mitkommuniziert[8,] während aber andere Werte (ästhetische, kognitive usw.) in Teilsystemen anhand von spezifizierten Pro-

---

6   Selbst Ethiken wie die Diskursethik, die die Kontingenz einzelner Entscheidungen in spezifi-
     schen Situationen zu berücksichtigen versuchen, sind keine Ausnahme. Denn, so wird argu-
     mentiert, wenn rationale Argumente Entscheidungen begründen sollen, würden alle Vernunft-
     wesen in derselben Situation zum selben Schluss kommen (für die organisationale Anwendung
     der Diskursethik siehe: Steinmann/Löhr 1994: 62-83).

7   Sie sind in der modernen Gesellschaft angesichts ihrer gesteigerten Kontingenz besonders
     wichtig. Man kann Werte in der Kommunikation als „inviolate levels" in Anspruch nehmen
     und so die kontingent gewordene Realität nochmals überbieten (Luhmann 1997: 799).

8   Z.B. unterstellt medizinische Kommunikation in der Regel den Wert „Gesundheit" (Luhmann
     1996a: 65).

grammen bearbeitet werden (Giegel 1997: 330), gelten moralische Werte unmittelbar als Kriterien, um zwischen gut und schlecht zu unterscheiden. Die sachlichen Regelkomplexe der Programme ermöglichen eine Handhabung der Komplexität in der heutigen Gesellschaft, weil sie spezifisch in einem bestimmten Kontext und nur dort angewendet werden. Werte alleine hingegen können nicht als Entscheidungskriterien dienen (Luhmann 1997: 800; Luhmann 1996a: 65). Werte sind erstens zu abstrakt, um konkrete Handlungsanweisungen zu geben und zweitens gibt es keine Wertehierarchie, die es erlauben würde, bestimmte Werte gegenüber anderen zu priorisieren.[9]

Während Funktionssysteme durch eine Kombination von Universalität der Problemkompetenz und Spezifikation der Systemreferenz charakterisiert sind (Luhmann 1997: 743-776; Luhmann 2008 [1997]: 185), ist die Moral durch Universalität der Codierung ohne Kriterienkonsens gekennzeichnet. Auch in den Funktionssystemen gibt es Dissens, aber der Trend zur Programmbildung ist viel stärker ausgeprägt. Ein Beispiel, das zeigt, wie Moral und die funktionale Logik des Rechts unterschiedlich operieren, kann man einer Studie von Bogner (2009) zu Ethikräten entnehmen, in der er zeigt, wie im Verfahren die professionellen Ethiker zugunsten der Juristen marginalisiert werden. Das liegt daran, dass sie nicht als Inhaber einer speziellen Expertise gelten, denn in Sachen der Moral ist eben jeder Fachmann.[10]

Werte können keine feste Orientierung geben. Kann Ethik dies? Moderne Ethik ist die Reflexion der Moral, die darauf abzielt, sie zu begründen. Moral hat den Anspruch der Universalität; sie will für alle Menschen gelten. Dies erfordert aber in der heutigen Gesellschaft eine Begründung, weil keine einheitliche Moral mehr vorausgesetzt werden kann.[11] Als Reflexionstheorie der Moral muss sich Ethik selbst dem Code gut/schlecht unterwerfen und bietet eine moralträchtige

---

9   Der Mangel an Sicherheit, Konsens und Stabilität betrifft nicht nur Werte, sondern auch weitere Regeln der moralischen Kommunikation wie Normen, Prototypen, Gleichnisse usw. (Luhmann 2008 [1978]: 147).

10   Es soll noch betont werden, dass auch im Rechtssystem keine Entscheidung von den verfügbaren Strukturen determiniert ist (Luhmann 1993a: 307-310). Allerdings findet eine rechtliche Entscheidung immer im Netzwerk systemischer Operationen statt. Dies hat zur Folge, dass die Entscheidungsmöglichkeiten durch die systemische Eigendynamik stark eingeschränkt werden.

11   In früheren Gesellschaften, wo das Leben innerhalb von überschaubaren Einheiten stattgefunden hat, waren die Bedingungen der Moral stabil. In archaischen Gemeinschaften war die Gültigkeit der Grundwerte selbstverständlich (Luckmann 1998: 27-28). Die Bedingungen von Achtung und Missachtung waren sozial eingegrenzt, weil die Achtung des anderen Menschen „Ankerplatz für Erfordernisse sozialer Ordnung" war (Luhmann 1984: 320). So war die Tugendethik von Aristoteles mit einer Gesellschaft verbunden, die strukturell dieser entsprach und als Ethik einfach die Tugenden explizierte, die in der Gesellschaft als Bedingungen für Erfolg galten (Luhmann 2008 [1989]: 284-285). Solange die Moral einheitlich war, bestand kein Bedarf, sie zu begründen. Wenn man anfing mit „Fremden" in Kontakt zu treten, entstand der Bedarf zu begründen, warum bestimmte Werte für alle Menschen gelten sollen (Luhmann 2008 [1989]: 275).

Begründung moralischer Urteile (Luhmann 2008 [1990]: 264). Ethik gelingt es aber nicht, die Moral zu generalisieren, sondern sie verschärft sogar die Lage. Denn erstens gibt es verschiedene Ethiken (u.a. deontologische Ethik, Verantwortungsethik, Tugendethik, Diskursethik), zweitens kann man, ausgehend von verschiedenen Ethiken, zu unterschiedlichen Schlüssen kommen und drittens lassen sich moralische Verhaltensnormen schlecht begründen, d.h., dass keine Ableitung der Normen von übergeordneten Prinzipien gegeben ist.

Zusammenfassend kann man festlegen, dass Moral kein System bildet, sondern eine Kommunikationsform ist, die in der Gesellschaft zirkuliert. Um universell werden zu können, verliert die Moral ihren traditionellen Bezug auf konkrete Empfehlungen. Die Trennung der Moral von der Sozialstruktur impliziert, dass man viel moralisch kommunizieren kann, ohne dass daraus kontrollierbare Handlungsverpflichtungen folgen. Moral verspricht Universalität, aber kann keinen Konsens auf der Ebene der Kriterien herstellen. Gerade diese Eigenschaft von Moral als Kommunikation, die das Gute für alle Menschen jenseits von egoistischen Interessen anstrebt, aber keine festen Anhaltspunkte bietet, wie dies zu erreichen sei, ist hier Ausgangspunkt, um Formen und Wirkungen der Moral zu untersuchen.

2.4.2 Moral und Ethik in der Umwelt der Organisationen

Dass Moral keine festen Anhaltspunkte und keine allgemeingültigen Gesetze anbietet, heißt nicht, dass es zu überhaupt keiner Formbildung kommt. Hingegen prägen und stabilisieren sich zeitweise und in der Regel nur lokal verschiedene „Moralen" mit einer gewissen Kohärenz aus (Luhmann 1997: 403; Liebig 2007: 37; Nassehi et al. 2014: 5-6; Priddat 2010: 186)[12] und die Formbildungen der Moral sind vielfältig. Diese erfolgen häufig in der Kopplung mit anderen Kommunikationsformen: Es ist gerade ihr Unvermögen ein System zu bilden, das Moral für diese Art der Formbildung anfällig macht. Da sie keinen Halt in sich selbst findet, sucht sie nach fremden Anleihen (Waldenfels 2006: 11). Dabei entstehen weder hybride Formen noch lassen sich unterschiedliche Logiken vermischen. Vielmehr nimmt durch diese Kopplungen einerseits moralische Kommunikation spezifische Formen an, andererseits kann sie von anderen Instanzen ausgehend von ihren jeweiligen Strukturen beobachtet und gegebenenfalls nutzbar gemacht werden.

In diesem Beitrag geht es primär um die Formbildung der Moral, die Organisationen bewerkstelligen sowie ihre Folgen in der organisationalen Welt. Um

---

12 Einige Werte wie z.B. Demokratie und Innovation sind aber sogar auf der Ebene der Weltgesellschaft einigermaßen stabil (Luhmann 2008 [1978]).

ihre Besonderheit zu verstehen, ist es aber notwendig, andere Formen zu be-schreiben, in denen Moral in der heutigen Gesellschaft zur Verfügung steht. Diese Formen der Moral können dann Organisationen auf der Basis ihrer inter-nen Mittel spezifisch bearbeiten. Im Folgenden werden einige relevante Form-bildungen der Moral betrachtet, die in der Kopplung mit Funktionssystemen, Professionen sowie sozialen Gebilden der Mesoebene (z.B. Netzwerken und Feldern) und Interaktionen realisiert werden. Diese Formen sollen einerseits als separat gedacht werden, anderseits stehen sie einander zur Verfügung und beein-flussen sich wechselseitig.

2.4.3 Funktionssysteme und Moral

Für Luhmann ist moralische Kommunikation heute ein Medium, das zwar auf der Ebene der Interaktion zentral ist, aber nicht nur dort (Luhmann 2008 [1989]: 328). Auch Funktionssysteme, d.h. diejenigen Systeme, die die heutige Gesellschaft primär strukturieren, nehmen auf Moral Bezug. Luhmann kommt sogar zu dem Schluss, dass „das fluide Medium der Moral dort ankristallisiert, wo Funktionssys-teme ihm eine Funktion geben können." (Luhmann 2008 [1989]: 334) Funktions-systeme sind amoralisch, das heißt, dass ihre Codes nicht mit der Moral konver-gent sind: Wenn etwas wahr ist, muss das nicht zugleich auch gut sein. In diesem Sinne sind sie gegenüber der Moral indifferent. Moral kann aber trotzdem eine Bedeutung für ihre Operationen haben; ihre Rolle richtet sich allerdings nach ihren jeweiligen Strukturbedingungen (Luhmann 2008 [1989]: 333-334).

Moralische Kommunikation kann von Anlässen ausgelöst werden, die mit strukturellen Dynamiken von Funktionssystemen zusammenhängen. Luhmann selbst verdeutlicht dies am Beispiel der Bedrohung der Codierung. Wenn ihr jeweiliger Code droht sabotiert zu werden, veranlassen Funktionssysteme mora-lische Kommunikation. Es geht darum, funktionale Mängel zu beklagen, die den Code lahmlegen könnten. In diesem Sinne bedeutet moralische Kommunikation nicht eine Einmischung in die Eigenlogik von Funktionssystemen, sondern trägt sogar dazu bei, ihre Autonomie zu stärken (Hellmann 2003: 116-117). So kann man einen Ansturm an moralischer Kommunikation beobachten, wenn etwa die Codierung des Sports (Sieg/Niederlage) durch Doping (Luhmann 1997: 402), politische Macht durch Korruption oder die Wahrheitssuche durch Datenfäl-schung riskieren, stillgestellt zu werden.

In Funktionssystemen kann Moral darüber hinaus auf der Ebene der Pro-gramme, d.h. auf der Ebene der Strukturen, die die Bedingungen der Richtigkeit systemischer Operationen definieren, wirken. Programme kompensieren die Binarität des Codes, denn die Gesichtspunkte, die im Code ausgeschlossen wer-den, können zur Selektion zwischen Programmen herangezogen werden (Luh-

mann 1997: 378; 564-565). Das bedeutet, dass die Programmierung von Funktionssystemen Elemente enthält, die von außen herangetragen werden (Schimank
2005: 86; 160). So beeinflussen in der Wissenschaft politische Opportunitäten
die Forschungsförderung oder eben moralische Bedenken, etwa in Bezug auf die
Auswahl bestimmter experimenteller Verfahren. Und in der Politik wird Moral
typischerweise herangezogen, um etwa Kandidaten auf politischen Posten zu
diskreditieren (Hellmann 2003). Sie gilt dort als Zusatzkriterium der Achtung
und reguliert punktuelle Exklusionen aus dem politischen Wettbewerb. Eine
besonders starke Affinität zur Moral hat das System der Massenmedien. Das
Brechen von moralischen Normen kann Anlass für die Berichterstattung werden,
weil durch Moral Konflikte zwischen „Bösen" und „Guten" inszeniert werden
können. Moral gehört dort zu „Nachrichtenwerten", d.h. denjenigen Kriterien,
nach denen Nachrichten ausgewählt werden und auf deren Grundlage Information gestaltet wird (Luhmann 1996b: 64).

Außerdem haben Funktionssysteme die Möglichkeit, externe kommunikative Ereignisse zu beobachten. Das geschieht immer auf der Grundlage der sys-
teminternen Beobachtungsschemata, die ihnen ermöglichen, Information zu
verarbeiten (Luhmann 1984: 98-105). Folglich kann man funktionssystemspezi-
fisch Moral beobachten, d.h. über Moral kommunizieren. So kann etwa wissen-
schaftlich über Moral geforscht und rechtlich über die Maßnahmen zur Einhaltung moralischer Gebote diskutiert werden (van den Daele 2001).

2.4.4 Professionelle Ethiken

Eine weitere bedeutende Form der Moral in der heutigen Gesellschaft sind die
sogenannten professionellen Ethiken.[13] Professionen sind durch verschiedene
zentrale Eigenschaften gekennzeichnet (siehe z.B.: Abbott 1991; Scott 2005). Sie
verfügen über spezielles Wissen, das standardisiert ist und den Kern der Expertise ausmacht; sie sind durch die Orientierung an Klienten charakterisiert und
versuchen, für diese Probleme zu lösen; beim professionellen Handeln geht es
nicht darum, Wissen anzuwenden, sondern auf Wissensbestände zurückzugreifen
und komplexe Einzelfälle zu behandeln; organisatorisch sind Professionen durch
Verbände koordiniert, die professionelle Standards entwickeln und regulieren.

Eine weitere Eigenschaft, die Professionen gemeinsam haben, ist, dass sie
stark auf Moral Bezug nehmen. Zunächst, weil sie eine universalistische Wertorientierung haben, die symbolisiert, dass sich Professionen mit Fragen beschäftigen,
die von allgemeinem Interesse sind. So binden sie sich an Werte wie Gesundheit,

---

13   Diese werden zwar „Ethiken" genannt, aber systemtheoretisch können sie als solche nur gelten,
      wenn sie Ergebnis der Reflexion sind.

Erziehungserfolg oder innovative Technikentwicklung (Luhmann 2002a: 148). Davon ausgehend definiert eine Profession klassischerweise nicht nur Expertise, sondern auch Normen für die Ausübung der Profession. Die Institutionalisierung der Profession bedeutet nicht nur die Entwicklung von Standards und die Etablierung von organisationalen Strukturen der Profession, sondern auch die Definition von ethischen Kodizes (Abbott 1991: 39). Ihre Besonderheit ist, dass sie nicht für die ganze Gesellschaft gelten, sondern nur für den Bereich, der durch die Profession besetzt wird, dies aber weltweit. Sie entstehen ausgehend von den Strukturbedingungen und von den spezifischen Problemen, die die jeweilige Profession hat. So regeln beispielsweise medizinische Ethiken das Verhältnis zu den Patienten und definieren, welche Informationen ihnen mitgeteilt werden sollen und welche Risiken ihnen zugemutet werden können. Die Normen einer Profession sind zwar problemspezifisch aber immer noch zu abstrakt, um konkrete Handlungsanweisungen zu geben[14]. Gerade die Relevanz moralischer Normen unterstreicht, dass es im Falle von Professionen zu keiner Mechanisierung und Durchregulierung von Vorgängen kommen kann (Waldenfels 2006: 231-232), sondern vieles der situativen Anwendung von allgemeinen Werten überlassen wird.

Professionelle Ethiken helfen, Vertrauen in abstrakten Systemen zu erzeugen (Hellmann 2003: 118-125). Vertrauen ist eine riskante Vorleistung, weil es vor der tatsächlichen Handlung geschenkt werden muss. Vertrauen gegenüber Personen kann durch moralische Kommunikation gestärkt werden, denn, wenn man davon ausgeht, dass eine Person als solche gut ist, kann man erwarten, dass sie auch bei einzelnen zukünftigen Handlungen korrekt bleibt. Ähnliches gilt für Personen, die in einer bestimmten Rollen arbeiten: Wenn man davon ausgeht, dass sie als Rolleninhaber das „Gute" verfolgen, dann vertraut man ihren Entscheidungen. In diesem Fall vertraut man aber eine Person qua Rolle. Man beurteilt nicht die Person als solche, ihre Absichten und Gefühle, sondern in der Ausführung einer spezifischen Rolle (Hellmann 2003: 120-121).

2.4.5 Moral und die Mesoebene

Bestimmte moralische Vorstellungen stabilisieren sich auch in Verbindung mit sozialen Formen der Mesoebene. Organisationen, die im Zentrum dieses Beitrages stehen und im nächsten Kapitel analysiert werden, gehören zu den wichtigsten Instanzen der Respezifikation der Moral auf der Mesoebene. Daneben sind

---

14 So z.B. im Bereich der Medizin: Selbst wenn das Prinzip der Patientenaufklärung befolgt wird, ist nicht ausgemacht, welche Art und Weise der Aufklärung als genügend erachtet werden soll.

aber auch weitere Formationen wie Netzwerke[15], soziale Bewegungen[16] oder organisationale Felder (DiMaggio/Powell 1983)[17] von Relevanz. Sie sind Kommunikationskontexte, die durch eine Verdichtung von Strukturen und Interaktionsmöglichkeiten charakterisiert sind. Als Strukturen können sich dort Themen, Typisierungen, Regeln aber auch Werte und Normen bilden, die durchaus ein moralisches Gehalt haben können. So können sich etwa in organisationalen Feldern, ausgehend von den jeweiligen Problembezügen durch reziproke Beobachtung der Teilnehmer, bestimmte moralische Vorstellungen verfestigen, etwa als Normen des Umweltschutzes (Hoffman 1999) oder als Arbeits- und Sozialstandards (Fichter/Sydow 2002; Hiß 2006). Auch in diesem Fall gilt, dass verschiedene Felder sich an unterschiedliche Werte binden. So ist im Bankwesen eher die Frage der „accountability" relevant, während in der Bergbauindustrie Umweltprobleme wichtiger sind (Shanahan/Khagram 2006: 215-221).

In Netzwerken spielt Moral vor allem deswegen eine Rolle, weil dort Vertrauen eine wichtige Struktur ist, die den reziproken Austausch erleichtert (Luhmann 2000: 408). Wie oben mit Bezug auf Professionen schon erwähnt, kann die Moralität von Kommunikations- oder Geschäftspartnern Vertrauen erwecken und somit eine stabile Basis für Kooperation schaffen.

Auch die Bindung von sozialen Bewegungen und Moral ist stark. Soziale Bewegungen stellen aktuelle gesellschaftliche Verhältnisse in Frage. Um diese Kritik an dem Gegebenen zu formulieren und die Folgeprobleme von Politik, Wirtschaft und sonstigen gesellschaftlichen Instanzen hervorzuheben, ist Moral dank ihrer Allgemeinheit besonders geeignet. In sozialen Bewegungen aber, die Menschen nicht mit den üblichen organisationalen Anreizen wie etwa Geld oder Karrieremöglichkeiten zum Mitmachen motivieren können, ist Moral die zentrale Form, die Engagement und Mobilisierung bewirkt (Hellmann 1996; 2003: 117-118).

---

15   Systemtheoretisch werden Netzwerke entweder als autopoietische Systeme behandelt (Bommes/Tacke 2006) oder als Strukturen der Weltgesellschaft (z.B. Stichweh 2006).

16   Soziale Bewegungen sind in der Systemtheorie schon in Hinblick auf Moral untersucht worden (vor allem Hellmann 1996).

17   Dieser Begriff wird in der Systemtheorie nicht explizit angewendet. Allerdings gibt es Studien mit systemtheoretischem Hintergrund, die Formationen untersuchen, die die Eigenschaften von Feldern, so wie diese in der Organisationssoziologie beschrieben werden, haben (insbesondere: Fischer-Lescano/Teubner 2006).

2.4.6 Interaktion und Moral

Die Relevanz der situativen Alltagsmoral in der Moderne ist unumstritten (Luckmann 2003).[18] Diese Moral gründet auf interaktiven Verhältnissen. Interaktion kann Gebrauch von der Moral der Gesellschaft machen (Kieserling 1999: 304); sie geht von den Formen, die gesellschaftlich zur Verfügung stehen aus und konkretisiert sie in den flüchtigen Interaktionssystemen. Indem sie dies tut, trägt sie gleichzeitig zur kontinuierlichen Formbildung moralischer Kommunikation bei.

Moral hat die Fähigkeit „über Achtungsbedingungen Achtungskommunikation und damit ein laufendes Abgleichen von Ego/Alter-Synthesen zu steuern" (Luhmann 2008 [1978]: 107). Dies hat in Interaktionen große Relevanz, weil diese auf der reziproken Wahrnehmung der Kommunikationspartner gründen und deswegen die Personen, die Identitäten der Kommunikationsteilnehmer in den Vordergrund stellen. Moral hat im Kontext von Interaktionen die Form des Klatsches, wenn über Dritte moralische Urteile gefällt werden, der Schmeichelei, wenn die moralische Güte der anwesenden Kommunikationspartner betont wird oder des moralischen Konflikts, wenn Missachtung direkt ausgedrückt wird (Kieserling 1998; Jäger/Cussin 2011: 119-143). In all diesen Fällen geht es um die Anwendung des Codes auf Personen – Abwesende oder Anwesende. Dabei bezieht sich moralische Achtung und Missachtung nicht auf die Anerkennung oder Aberkennung einzelner Leistungen (sportliche, wissenschaftliche usw.), sondern auf die ganze Person (Luhmann 1997: 397-399). Aus diesem Grund ist ihre Wirkung sehr stark und ein moralisches Urteil, wenn negativ, kann die Person zur Gänze „kontaminieren" (Fuchs 2010: 18).

Durch diese Formen kann Moral weiterhin integrativ wirken (Kieserling 1998: 404). Man kann davon sprechen, dass Moral in der Interaktion Inklusion bzw. Exklusion schafft, je nachdem, ob Achtung für die Anwesenden (und gegebenenfalls Missachtung für die Abwesenden) oder Missachtung der Anwesenden verteilt werden. Während Inklusion und Exklusion in anderen Kommunikationskontexten über Kriterien definiert werden, die eher mit sachlichen Programmen und Kompetenzen zu tun haben, schematisiert Moral immer noch „Inklusion" in Interaktionen als Achtung/Missachtung der Person in Gänze.

---

18 Die hohe Relevanz der Moral in Interaktionen entspricht der These, dass Moral heute nicht mehr eine tragende Struktur der Gesellschaft, sondern individualisiert sei und vor allem im Privatbereich wirke.

2.5 Moral, Ethik und Werte in Organisationen

Die normativen Forderungen an Organisationen sind vielfältig und Organisatio-nen steht Moral in verschiedenen Formen zur Verfügung. Organisationen können auf diese Formen Bezug nehmen, sie für sich respezifizieren und ihre Bearbei-tung der Moral dann wieder anderen Instanzen zur Verfügung stellen. Das Er-gebnis ist ein kontinuierlicher Prozess der Bearbeitung moralischer Kommunika-tion in unterschiedlichen Kontexten, die einander rekursiv beobachten. Um zu verstehen, wie Organisationen daran beteiligt sind, muss man zuerst die spezifi-sche Eigendynamik dieser Systeme näher betrachten.

2.5.1 Organisationen als autonome Systeme

Organisationen fasse ich als autopoietische Systeme auf, die aus Entscheidungen bestehen (Luhmann 2000: 39-80). Sie folgen einer eigenen Logik, die in der Reproduktion von Entscheidungen begründet liegt. Ihre Entscheidungsprozesse können sie aufrechterhalten, weil sie interne Strukturen wie etwa Prozeduren oder Hierarchien entwickeln, die als Entscheidungsprämisse dienen und Unsi-cherheit soweit absorbieren, dass Entscheidungen gefällt werden können.

Als autopoietische Systeme sind Organisationen operational geschlossen und autonom. Sie operieren aber nicht in einem leeren Raum, sondern immer in einer Umwelt. Ihre relevante Umwelt besteht heute in erster Linie aus einer funktional differenzierten Gesellschaft. Es ist gerade die Komplexität der Funktionssysteme, die Entscheidungen und damit Organisationen notwendig macht. Organisationen gehen von dieser Komplexität aus und nehmen auf sie verschiedentlich Bezug. Dies kann systemtheoretisch durch verschiedene Begriffe beschrieben werden.[19] Für die Zwecke dieser Ausführung ist es aufschlussreich, dieses Phänomen als „Respezifikation" aufzufassen. Organisationen respezifizieren abstrakte Sinnbezü-ge in konkretere Formen. So wird das Medium Geld von Organisationen respezifi-ziert; sie können nämlich konkret entscheiden, in welchem Bereich sie investieren, wer welchen Lohn bekommt, wie Geld ausgeliehen werden kann usw. (Luhmann 1994a: 302-323). Ähnliches gilt für andere Medien. So gibt im Fall der Erziehung die Schule der pädagogischen Absicht eine Form, indem sie etwa konkrete Lehr-pläne entwickelt (Luhmann 2002a: 143-147).

Dabei können sich Organisationen primär an einem spezifischen Funktions-system orientieren und in ihrer Zwecksetzung seine Funktion verankern. So zielen Unternehmen auf Profitmaximierung und Forschungsinstitute verpflichten

---

19   Etwa als Form der strukturellen Kopplung (Baecker 2001).

sich der Suche nach Wahrheit. Empirisch ist zudem zu beobachten, dass Organisationen nicht nur jeweils eine Funktion respezifizieren, sondern imstande sind, verschiedene zu berücksichtigen. Obwohl viele Organisationen primär an eine Funktion gebunden sind, sind sie in der Tendenz Multireferenten (Wehrsig/Tacke 1992). Dies ist möglich, weil Organisationen einerseits ihre Ziele an die Medien von bestimmten Funktionssystemen binden, andererseits den Logiken anderer Funktionssysteme auf der Ebene von sonstigen Strukturen (z.B. Abteilungen, Unterzielen und Prozeduren) Rechnung tragen können. So orientieren sich etwa Unternehmen primär an der Wirtschaft, aber gleichzeitig implementieren sie rechtliche Vorgaben und betreiben Forschungs- und Entwicklungsabteilungen. Während die Autopoiesis der Organisation auf der spezifischen Operation „Entscheidung" gründet, kann sie auf der Ebene der Strukturen externe Kriterien berücksichtigen. Dabei können Organisationen nicht nur auf Funktionssysteme Bezug nehmen, sondern auch auf andere Logiken – moralische Kommunikation eingeschlossen. Auch in diesem Fall soll von der Autonomie der Organisationen ausgegangen werden: Organisationen funktionieren gerade weil sie von moralischen Geboten und Verboten absehen. Und auch in diesem Fall wird Moral in einer respezifizierten Form angewendet. Damit Moral entscheidungsrelevant wird, ist eine organisatorische Respezifikation notwendig, die nur einige Aspekte auswählt und in einer spezifischen Art und Weise konkretisiert. Um zu verstehen, wie organisationale Respezifikation stattfindet und um damit die Mehrdeutigkeit der organisatorischen Moral zu erklären, soll einerseits gezeigt werden, wie Organisationen ihr Verhältnis zur moralisierten Umwelt gestalten und andererseits, wie sie Moral intern in ihren Strukturen verankern und in ihren Entscheidungsprozessen anwenden.

2.5.2 Varietät im Umweltbezug

Man kann die gesellschaftliche Umwelt von Organisationen als durchdrungen von Moralen erfassen, die in verschiedenen Kontexten gebildet werden. Diese Formbildungen stehen den Organisationen dann zwar zur Verfügung, dringen aber nicht direkt in Organisationen hinein, sondern werden durch ihre Relevanzkriterien gefiltert. Organisationen können nur das wahrnehmen, beobachten und verstehen, was in den Termini der Organisation mit Organisationszwecken, Erfordernissen und Ressourcen kompatibel ist (Ortmann 2010a: 99). Die Umwelt der Organisation ist nämlich nicht gegeben, sondern ist diejenige, die von ihr gestaltet wird (Weick 1985 [1969]: 212-243).

2.5.2.1   Organisationen und die Moral der Funktionssysteme

Organisationen können gezielt spezifische Logiken anwenden. Die Anwendung dieser Logiken geschieht bei gleichzeitigem Ausschluss moralischer Erwägungen. Dies kann man am deutlichsten an wirtschaftlichen Organisationen sehen, die auf der Basis ökonomischer Kalküle versuchen, Profit zu maximieren. Da Organisationen wie Unternehmen sich primär an der Wirtschaft orientieren, ist es durchaus zu erwarten, dass sie in der Verfolgung ihrer eigenen Interessen durchaus gegen moralische Prinzipen verstoßen und trotzdem hohe Profite erzielen (Beispiele in Ortmann 2010a: 32-45).

Unternehmen orientieren sich an wirtschaftlichen Logiken. Jedoch sind sogar diese Organisationen, die besonders skrupellos erscheinen und aus diesem Grund als Extremfall der organisationalen Indifferenz gegenüber moralischen Abwägungen gelten, nicht frei von Moral. Denn das Funktionssystem Wirtschaft setzt gerade moralische Gesetze voraus, in deren Rahmen sie sich entfaltet. Sogar Milton Friedman betonte, dass Manager zwar Profit maximieren sollen, jedoch „while conforming to the basic rules of the society, both those embodied in law and those embodied in ethical custom" (1970). Indem sie sich an der Wirtschaft orientieren, nehmen Organisationen zwangsläufig auch deren moralische Voraussetzungen wahr.

Über diese basalen ethischen Standards hinaus können im Wirtschaftssystem außerdem strukturell Märkte entstehen, die bestimmte moralische Werte integrieren (z.B. Märkte für Bio- oder Fairtradeprodukte). Diese stehen dann Unternehmen als Marktopportunität zur Verfügung mit der Folge, dass sich die Übernahme moralischer Werte finanziell lohnen kann (zur Ethik als Business-Case siehe z.B. Curbach 2009: 159-166; Holzer 2010: 76-83). Inwiefern diese Marktchancen wahrgenommen werden, hängt aber von den Strukturen des jeweiligen Unternehmens ab, etwa von seinen Fähigkeiten, Trends aufzuspüren. Wenn moralische Aspekte die ökonomische Tätigkeit aber zu behindern scheinen, werden sie häufig umgangen (Banerjee 2008; Devinney 2009). Das ist in anderen Organisationstypen anders. So orientieren sich z.B. einige NPOs primär an Moral.[20] Im Unterschied zu Unternehmen versuchen sie nicht prioritär Profit zu maximieren, selbst wenn sie ständig Moral und finanzielle Zwänge ausbalancieren müssen (Brown/Slivinski 2006; Weisbrod 1998: 12).

Unternehmen beobachten aber nicht nur die Wirtschaft sondern auch andere Funktionssysteme wie Politik, Recht und Massenmedien und berücksichtigen gegebenenfalls ihre Bearbeitung der Moral. Diese Referenzen können höchst relevant sein, weil es häufig nicht eine intrinsische Moralität ist, die zur Einfüh-

---

20   NPOs sind aber vielfältig und in einigen, wie z.B. Sportvereinen oder Berufsvereinigungen, ist der Bezug auf Moral nicht zentral.

rung moralischer Normen motiviert, sondern die Feststellung, dass bestimmte Werte gesellschaftlich und vor allem politisch relevant sind (Beyer 2010). Aber auch in diesem Fall nehmen unterschiedliche Unternehmen den Druck aus der Umwelt unterschiedlich wahr und sogar gegenüber rechtlichen Regulierungen reagieren sie mit unterschiedlichen Formen der „compliance" (Edelman 2005).

2.5.2.2   Organisationen und professionelle Ethiken

Für Organisationen, die strukturell mit Ärzten, Juristen, Ingenieuren usw. arbeiten und durch ihre Arbeitsteilung, Rollen und Prozeduren die Expertise einer oder mehrerer Professionen implementieren (Abbott 1991: 23-26), ist die Orientierung an professionellen Ethiken unvermeidbar. Indem sie auf die Arbeit von Ärzten, Juristen oder Journalisten angewiesen sind, ebnen sie den Weg für die Einführung der ethischen Codes, zu denen diese sich verpflichten. Auch in diesem Fall scheinen jedoch Unterschiede zwischen Organisationen, etwa zwischen Unternehmen und NPOs zu bestehen. Letztere scheinen nämlich in der Regel mehr Spielraum für professionelle Ethiken offen zu lassen, etwa weil ihre Entscheidungsprozesse oft partizipativ sind und den Vertretern verschiedener Professionen sowohl bei internen Tätigkeiten als auch bei der Pflege externer Kontakte mehr Autonomie gewährleisten (DiMaggio/Anheier 1990: 142). Die Frage nach den Spielräumen, die Professionen zugestanden werden, ist von ausgesprochener Relevanz, denn, einmal eingeführt, können professionelle Ethiken zu Problemen führen, weil sie mit organisationalen Zwängen oder auch untereinander (Atzeni/Mayr 2014) in Konflikt geraten können (Scott 2005). Man denke etwa an Konflikte zwischen den humanitären Grundsätzen ärztlicher Ethik und den Budgetrestriktionen in Krankenhäusern.

2.5.2.3   Organisationen und die Moral der Mesoebene

Auch Branchen, Netzwerke und Felder, in denen Unternehmen aktiv sind, können Einfallstore für weitere moralische Formen werden. Denn man kann die dort geltenden Standards nur mit Mühe vernachlässigen, wenn man sich in diesen Kontexten bewegt und dort mit anderen Organisationen kooperiert bzw. in Dialog tritt. Obwohl die feldspezifischen Standards oft keine rechtlich verbindlichen Strukturen sind, beeinflussen sie Organisationen, indem diese etwa den informellen Druck von anderen Organisationen, mit denen sie enge Beziehungen haben oder von denen sie abhängen, spüren (Hiß 2006: 149-152). Dabei können sich im Rahmen von heterogenen Netzwerken oder Feldern verschiedene Typologien von Organisationen wie etwa NPOs, Vereine und Verbände, politische Organisationen, Forschungsinstitute und selbstverständlich auch Unternehmen durch

Praktiken und Diskurse wechselseitig beeinflussen. Auch für Felder gilt jedoch, dass moralische Normen nur wirken, wenn sie für die aufnehmende Organisation als relevant gelten und dass der Druck von außen je nach strukturellen Eigenschaften dieser Organisation wie Position im Feld, Abhängigkeiten, Allianzen, Strategien usw. mehr oder weniger stark ist (DiMaggio/Powell 1983).

Organisationen können Feldstrukturen auch aktiv gestalten. Indem sie etwa an Stakeholdermanagement-Programmen, an runden Tischen oder Ethik-Netzwerken teilnehmen, können sie mit anderen Instanzen in Dialog treten und zur Ausgestaltung von Normen und Standards beitragen (Curbach 2009; Schultz/Wehmeier 2010). Teilweise können sie auch ihre Partner auswählen und so kooperieren sie etwa im Fall von NGOs mit einigen, während sie mit anderen eher auf Konfrontation gehen (Holzer 2010: 87-96).

Auch die Moral, die soziale Bewegungen transportieren, kann sich auf Organisationen auswirken. So können die Werte von sozialen Bewegungen von bereits etablierten Organisationen etwa in die Programme von NPOs oder weiteren politischen Akteuren aufgenommen werden, wenn diese darin etwa eine politische Opportunität sehen. Aus sozialen Bewegungen können sogar neue Organisationen entstehen, die ihren Wertvorstellungen entsprechen: so entstehen etwa aus der Umweltbewegung grüne Parteien und sogar grüne Unternehmen.

2.5.2.4   Organisationen und die Moral der Interaktion

Organisationen lassen sich auch von der Moral irritieren, die in Interaktionen zirkuliert, vor allem in Interaktionen, die im Kontext der Organisation stattfinden. Solche Interaktionen starten von den Rahmenbedingungen, die die Organisation vorgibt (etwa Rollen, Termine und räumliche Rahmung), entwickeln aber Eigendynamiken. Narrationen, Konflikte, Allianzen, Machtspiele usw. die sich durch den Face-to-face-Kontakt im organisationalen Alltag entfalten, stehen dann der Entscheidungsfindung der Organisation zur Verfügung (Kieserling 1999: 335-387; Jäger/Coffin 2011: 59-69). Wie oben ausgeführt, dient moralische Kommunikation in Interaktionen vor allem der Codierung von Inklusion und Exklusion. Auf diese Formen kann sich die Organisation beziehen und Mitglieder, die interaktiv moralisch verachtet werden, können es dann unter Umständen schwer haben, ihre Stellung in der Organisation aufrechtzuerhalten. Umgekehrt genießen geachtete Mitglieder Anerkennung und können auf die Unterstützung anderer rechnen. Inwieweit dies wirkt und auch Entscheidungen bezüglich des Personals bedingt, hängt aber von den Strukturen der Organisation ab, ihrer Größe, der Hierarchie und der Verfügbarkeit von sonstigen Strukturen, die ihr ermöglichen, sich von Moral zu distanzieren (Jäger/Coffin 2011: 138). Wenn eine Organisation die Inklusion von Mitgliedern beispielsweise auf moralischen Tugenden wie Ehrlichkeit oder Altruismus gründet, werden Interaktionen, in denen diese Eigenschaften moralisch diskreditiert werden, auch für Entscheidungsprozesse relevant. Wenn aber die Inklusion hauptsächlich über fachliche Kompetenzen läuft, kann eine moralische Diskreditierung unter Umständen bagatellisiert werden.

2.5.3   Varietät der internen Strukturen

Organisationen bearbeiten die wahrgenommene Moral dann intern im Kontext ihrer Entscheidungsprozesse. In diesem Abschnitt werden einige Formen beschrieben, wie Moral respezifiziert wird und als Prämisse für Entscheidungen zur Verfügung steht.

Dabei wird berücksichtigt, dass es stark umstritten ist, inwiefern Organisationen die Möglichkeit haben, auf Moral Bezug nehmen. Einerseits wird die These vertreten, dass Moral nicht nur im Widerspruch zu den spezifischen Logiken der Moderne steht, mit denen Organisationen arbeiten, wie etwa der Logik des Profits oder der des politischen Machtkampfs, sondern zur organisationalen Beschaffenheit selbst (Ortmann 2010a: 12; Steinmann/Löhr 1994: 17-46): Qua Organisation ist es schwer, moralisch zu handeln. Andererseits kommen andere Autoren zum umgekehrten Schluss, dass gerade Organisationen eine höhere Moralität als Individuen verkörpern würden (Geser 1989). Denn Organisationen sind durch einen hohen Grad an Reflexivität gekennzeichnet und können sogar über ihre eigenen Strukturen entscheiden, d.h. über alternative Strukturen reflektieren und zwischen diesen wählen. Da auch über Normen reflektiert werden kann, stärkt – so wird argumentiert – die hohe Reflexivität der Organisation ihre moralische Fähigkeit.

2.5.3.1   Zwecke und Werte

Organisationen richten ihre Tätigkeiten typischerweise an Zwecken aus. Zwecke kann man als Differenzen zwischen einem aktuellen und einem wünschenswerten Zustand definieren (Luhmann 2000: 162-163), die als Orientierungen dient, um nach Mitteln zur Erreichung des zu erzielenden Zustandes zu suchen. Viele Organisationen definieren ihre Zwecke in Anlehnung an Funktionslogiken wie das der Wahrheitssuche oder der Profitmaximierung. Diese gelten dann als prioritär und bewirken, dass sich die Organisation auf bestimmte Probleme konzentriert und den Rest ausschließen kann. Als Folge der Zwecksetzung kann man keine moralische Entscheidungsfindung erwarten, sondern vielmehr Prozesse, die zur Realisierung der gesetzten Zwecke beitragen[21.]

---

21   Die genannten Logiken können als „Sytemnötigungen" angesehen werden, die Moral verdrängen (Ortmann 2010: 28ff.), wenn sie in den Zwecken der Organisation verankert sind.

Organisationen haben aber auch die Möglichkeit, Moral als prioritär zu setzen. So verfolgen viele NPOs weniger Zwecke, sondern vielmehr „missions". Damit ist eine Orientierung an Werten wie Umweltschutz, Solidarität oder Frieden gemeint (Hasenfeld 2010; Hasenfeld 2000; Pohlmann 2008: 166-167). Anstelle von Zwecken setzen diese Organisationen Werte als basale Bezugspunkte voraus. Dies kann sich positiv auswirken, weil die NPOs dank ihrer Mission hohe gesellschaftliche Legitimation genießen, was dazu führt, dass sie Schenkungen, steuerliche Begünstigungen und ehrenamtliche Beiträge bekommen. Werte sind in diesem Fall auch Mittel zur Bindung der Organisationsmitglieder (Etzioni 1961). Werte reichen jedoch nicht, um die Arbeit in komplexen Zusammenhängen zu koordinieren. Für das Gemeinwohl können sich viele erwärmen, aber dies besagt wenig für die Auswahl geeigneter Handlungen (Luhmann 1964: 102). Wie oben ausgeführt, können aus Werten schwerlich Handlungsempfehlungen abgeleitet werden. So kann eine Organisation als Mission etwa den Schutz von Menschenrechten haben. Bei der Frage wie Menschenrechte besser zu schützen seien, ob etwa im Kampf gegen Folter oder durch Unterstützung gleichgesinnter Parteien, herrscht trotzdem kein Konsens (Leal 2006). In vielen NPOs werden aus diesem Grund zusätzliche Strukturen eingeführt, die genauere Interventionsmaßnahmen definieren. Diese genauere Bestimmung kann nicht durch Moral geschehen und de facto gelingt sie mit Rekurs auf andere Logiken wie etwa professionelle Verfahren oder rechtliche und wohlfahrtstaatliche Regulierungen. Leider können diese Prozesse zu Konflikten und Widersprüchen mit der Moral der Organisation führen (Hasenfeld 2010; Grunow 1995; Minkoff/Powell 2006: 598): Staatliche Hilfe ermöglicht es etwa, mehr problematische Fälle zu behandeln, aber dabei muss man alle Fälle ausschließen, die in staatlichen Programmen nicht vorgesehen sind. Die bürokratischen Strukturen, die diese Organisationen entwickeln, um zielführend Dienste anbieten zu können, werden unter Umständen von Mitarbeitern als Grenzen erlebt, die mit dem zentralen Gebot humanitärer Hilfe konfligieren (Hasenfeld 1992).

2.5.3.2   Programme

Nicht nur Zwecke, sondern auch organisationale Programme wie Prozeduren oder Strategien können sich so stark auswirken, dass moralische Gesichtspunkte keinen Platz mehr finden (Steinmann/Löhr 1994: 17-46). Wenn man auf Kriterien achtet, wie etwa, dass ein Bericht pünktlich abgegeben werden muss oder Produktionsindikatoren erreicht werden müssen, können bestimmte moralische Werte wie Sicherheit untergehen.

Umgekehrt können gerade in Programmen Werte eingeschrieben und als inhaltliche Kriterien in den formalen Strukturen der Organisation verankert werden.

Sämtliche CSR-Maßnahmen sind explizite Versuche in diese Richtung (u.a. Cetin-damar/Husoy 2007; Hiß 2006; Jensen et al. 2009; Wieland 2004). Sie betreffen Arbeitsprozeduren und setzen den unternehmerischen Tätigkeiten Grenzen. Konk-ret umfassen sie Instrumente wie Verhaltenskodizes, Nachhaltigkeitsberichte, Zertifizierungen usw. Diese können eventuell auch mit formellen Anreizsystemen kombiniert werden (Gordon et al. 2009: 85-86). All diese Maßnahmen werden durch Entscheidungen eingeführt, sind schriftlich und formalisiert.

Wenn man sich diese Programme genauer anschaut, fällt auf, dass es in vielen Fällen nur um sehr abstrakte Werte und allgemeine Normen geht. Das macht sie passend für Unternehmen, weil sie im Gegensatz zu rechtlichen Normen mehr Spielraum lassen und somit ermöglichen, sie in der Anwendung die Besonderhei-ten der jeweiligen Organisation zu berücksichtigen.[22] Jedoch kann diese Eigen-schaft auch Entkopplung im Sinne des Neoinstitutionalismus begünstigen mit der Folge, dass CSR-Maßnahmen zur bloßen Fassade werden (Helin/Sandström 2010; Hiß 2006: 167-169; Nijhof et al. 2003).

Über die Wirkung von speziellen Programmen mit moralisch-ethischen Ab-sichten hinaus soll betont werden, dass „Programmierung" als solche mit zentra-len Werten der Moderne verbunden ist. Denn Programme beinhalten Regeln, die dafür sorgen, dass immer dieselben Kriterien „ohne Ansehen der Person", d.h. ohne Rücksicht auf Herkunft, Reichtum oder sonstige Eigenschaften von Einzel-nen angewendet werden. Programme sind zentraler Bestandteil der Organisati-onsform Bürokratie, die Träger von Werten wie „Gerechtigkeit", „Sachlichkeit", „Zuverlässigkeit" usw. ist (DuGay 2009).

2.5.3.3 Arbeitsteilung

Die Arbeitsteilung schafft einen wesentlichen Vorteil für Organisationen, weil sie dadurch komplexe Aufgaben übernehmen können, die nur mit dem Beitrag mehrerer Menschen mit unterschiedlichen Kompetenzen ausgeführt werden können. Gerade die Arbeitsteilung kann aber für moralische Kommunikation kontraproduktiv sein. Erstens, weil die Mitarbeiter nur noch hochgradig speziali-sierte Teilaufgaben wahrnehmen und folglich den Gesamtzusammenhang des organisationalen Geschehens aus den Augen verlieren (Steinmann/Löhr 1994: 32-37). Zweitens, weil Arbeitsteilung mit einer Verteilung der Verantwortung einhergeht. Wenn Arbeitsprozesse in kleine Schritte zerstückelt werden, ist es schwer, für den Einzelnen Verantwortung zu übernehmen oder ihm Verantwor-tung zuzuschreiben (Ortmann 2010a: 106-111).

---

22   CSR kann sogar als Ersatz für Recht angesehen werden (Cetindamar/Husoy 2007).

Im Gegensatz zu dieser Auffassung betont Hans Geser (1989), dass dank Arbeitsteilung Organisationen dasjenige Wissen und diejenigen Kompetenzen ansammeln können, die notwendig sind, um mit komplexen Sachverhalten umzugehen. Folglich können Organisationen diejenige Kalkulation von Folgen und Nebenfolgen besser als Individuen bewerkstelligen, die für eine Verantwortungsübernahme und verantwortungsvolles Handeln notwendige Voraussetzung ist.

Dies bedeutet eine Moralisierung der Organisation jedoch nur, wenn zwischen Stellen, die sich mit unterschiedlichen Fragen befassen, Verbindungen hergestellt werden. In vielen Organisationen herrscht aber eher Trennung und die verschiedenen Abteilungen sind durch verschiedene Kulturen gekennzeichnet (Martin 1992) mit der Folge, dass sie sich mit bestimmten Normen beschäftigen, ohne das es zu einer Synthese kommt. So kümmert sich die Personalabteilung um die Entwicklung des Personals und die Forschungs- und Entwicklungsabteilung um Fragen der nachhaltigen Innovation – zwischen den beiden besteht jedoch nur geringer Austausch. Darüber hinaus können Organisationen extra Stellen, Gremien oder Abteilungen vorsehen, die sich gesondert der ethischen Reflexion widmen, wie etwa Ethikkommissionen in Krankenhäusern. Sie können sogar externe Evaluationen in Form von Audit-Verfahren initiieren und an Ethikgremien oder -netzwerken teilnehmen. Dort findet gegebenenfalls eine ethische Reflexion in der Form der Diskursethik statt (Krohn 1999). Obwohl dies eine ausgesprochene Intensivierung der moralischen Kommunikation ist, bleibt sie jedoch folgenlos, wenn der Austausch zwischen Abteilungen nicht ausgebaut ist. Gegebenenfalls kann dies sogar eine Moralverdrängung stärken, weil man ja keine weitere ethische Reflexion benötigt, wenn sich eine Extra-Abteilung damit beschäftigt (Ortmann 2010a: 110).

2.5.3.4 Hierarchie

Auch hierarchische Strukturen können Moral erschweren. Durch hierarchische Weisungsketten kann man in der Tendenz Entscheidungen ohne Diskussion durchsetzen. Somit entlastet Hierarchie die Bearbeitung von Information erheblich: Man macht etwas, weil der Chef dies befohlen hat. Gerade dies kann aber moralische Kommunikation behindern. Denn, wenn Anweisungen von Oben befolgt werden müssen, dann bleibt wenig Spielraum für moralische Abwägungen bei einzelnen Entscheidungen. Darüber hinaus ermöglicht die Hierarchie, Verantwortung auf andere zu schieben – auf untere (Jackall 1983: 126-127), aber gegebenenfalls auch auf höhere Stellen (Ortmann 2010a: 111).

Hierarchie kann jedoch auch das komplette Gegenteil bewirken. Wenn ethische Anforderungen in die Programme eingeschrieben werden, kann gerade hierarchisch unethisches Verhalten von Einzelnen systematisch unterbunden und sanktioniert werden (Geser 1989). D.h. in Verbindung mit Programmen kann Hierarchie bewirken, dass Werte und Normen in einer Organisation als Kriterien umgesetzt werden. Die Moralität der Organisation läge in diesem Fall nicht in der moralischen Reflexion bei einzelnen Entscheidungen, sondern wäre Teil der organisationalen Struktur.

2.5.3.5 Personal

Eine weitere Form der Respezifikation der Moral kann durch Personalauswahl zustande kommen, wenn auch moralische Tugenden als Kriterium zählen. Das ist z.B. der Fall bei Organisationen der sozialen Hilfe, wo „Solidarität" eine basale Voraussetzung für die Karriere ist (für ein Beispiel siehe: Leal 2006: 576-577). Zusätzlich kommt Moral in die Organisation über Personal auch in Verbindung mit Professionen hinein, wenn nämlich die Organisation entscheidet, Personen mit einer bestimmten Expertise einzustellen, die mit bestimmten Werten verbunden ist.

Inwiefern die Moral, die durch das Personal getragen ist, dann von Relevanz ist, hängt von den Verhältnissen zwischen verschiedenen Organisationsstrukturen ab. Die Moralität der Einzelnen scheint eine starke Wirkung zu haben und wird etwa im Verhalten von Vorgesetzten und Führungspersonen, d.h. Personen, die aufgrund organisationaler Strukturen Entscheidungsmacht haben, als eine notwendige Bedingung für die Moral der Organisation angesehen (Jackall 2010: 204). Entsprechend ist die Frage der ethischen Leadership sowohl in der Unternehmensethik als auch in der Forschung zu NPOs durchaus aktuell (Wang/Hackett 2016).

Für den Fall der professionellen Ethiken ist beobachtet worden, dass die Expertise der Professionen unterschiedlich genutzt wird und ihre jeweilige Ethik folglich unterschiedlich wirkt. Man kann zwischen Organisationen, die den Professionen große Autonomie gewähren (z.B. Universitäten) und Organisationen, die professionelle Tätigkeiten durch managerielle Mechanismen koordinieren (z.B. Schulen) unterscheiden (Scott 2005: 122-124). In diesem zweiten Fall kann es zu Diskrepanzen zwischen Profession und Organisation kommen. So können die Werte der Profession den Bedürfnissen der Organisation geopfert werden – aber auch umgekehrt.

2.5.3.6 Kultur

Das alles betrifft die formalen Strukturen von Organisationen. Diese sind aber auch durch unentscheidbare Entscheidungsprämissen charakterisiert. Das ist die Definition, die Luhmann für die Kultur der Organisation gibt und damit ist gemeint, dass nicht alle Strukturen durch Entscheidung eingeführt werden (Luhmann 2000: 241-242). Unentscheidbare Entscheidungsprämissen können nicht Objekt von Entscheidungen sein, sondern entstehen aus Anlass von vorgängigen Entscheidungen und gewissermaßen als deren Korrelat. Sie sind diejenigen Werte, Normen und Routinen, die sich in der Zeit bewährt und stabilisiert haben (Schein 1985).

Auch Kultur kann Moral verdrängen (Steinmann/Löhr 1994: 39-46; Gordon et al. 2009). Das wird in erster Linie an Unternehmen festgemacht, in denen die Kultur des Wettbewerbs und des Erfolges um jeden Preis herrscht. Dieser Effekt kann aber auch als Folge des Strebens nach der effizienten Erledigung von Aufgaben betrachtet werden, die ja alle Organisationen betrifft (Ortmann 2010a: 104): Das Gebot der Effizienz unterminiert moralische Kommunikation, weil es verlangt, dass man mit möglichst wenig Kosten ein Maximum zu erreichen anstrebt – Moral kann hingegen zusätzliche Kosten verursachen.

Allerdings sehen viele Autoren gerade in ihrer Kultur die unerschöpfliche Quelle der Moral der Organisation (Clegg et al. 2007: 108-109; Poulton 2005); eine Moral, die eben nicht formalisiert werden kann, weil sie kontextabhängig und situationsspezifisch ist. Moralische Werte gehören zur Kultur einer Organisation und werden von organisationsinternen Narrationen transportiert. Auf dieser Ebene kann man in Organisationen recht unterschiedliche Wertvorstellungen vorfinden (Clegg et al. 2007). So kann etwa die Definition der Tugenden der Mitarbeiter variieren: von Pünktlichkeit und Gewissenhaftigkeit bis hin zu Risikobereitschaft und Wettbewerbsorientierung. Trotz aller Unterschiede gibt es Werte, die oft präsent sind, z.B. der Wert der Loyalität (Jackall 2010: 205), der bedeutet, dass andere Werte geopfert werden müssen, um der Organisation gegenüber loyal zu bleiben.

Zusammenfassend kann man festhalten, dass Kultur Moral weder komplett verdrängen noch immer befördern kann, vielmehr kann eine bestimmte Moral (etwa die Moral der Effizienz) andere moralische Gesichtspunkte ausschließen.[23]

2.5.4 Moral und Entscheidung

Diese Bemerkungen zeigen, dass Moral von Organisationen in vielfältigen Formen entweder abgewiesen oder aktiviert wird. Die Respezifikation der Moral ist kontingent. Viele verschiedene Elemente können moralische Kommunikation

---

23 Ein Beispiel dazu liefern Gordon et al., die eine Polizeiorganisation beschreiben, in der die Praxis der Korruption oder Kooperation mit Kleinkriminellen als gerechtfertigt gilt, um die höheren Ziele der Sicherheit im Kampf gegen die Kriminalität zu erreichen. Das blockiert die Einführung einer neuen Ethik (Gordon et al. 2009: 89).

behindern oder begünstigen. So kann die Präsenz von bestimmten Strukturen wie z.b. bestimmten Professionen von Vorteil sein oder umgekehrt kann gerade eine Professionalisierung die Verfolgung bestimmter Werte erschweren. Gegebenenfalls können sich Koalitionen für Moral bilden und Slacks, ungenutzte Ressourcen, für moralische Zwecke eingesetzt werden. Wenn aber die Ressourcen knapp sind, werden die Chancen für Moral gering (Hasse/Japp 1997).

Bei allen Formen der Moral sind allerdings Prozesse der Selbstverstärkung zu erwarten. Es können sowohl Teufels- als auch Engelskreise entstehen (Ortmann 2010a: 152-177). Teufelskreise führen zur Verdrängung jeglicher moralischer Erwägung. Bei Engelskreisen wird die moralische Kommunikation hingegen immer stärker. Auch moralische Gesichtspunkte können nämlich durch Prozesse der Selbstorganisation zu sogenannten Eigenwerten gerinnen, auf die in den nachfolgenden Operationen Bezug genommen wird – sei es auch nur aus dem Grund, dass es entlastend ist, sich auf verfügbare Strukturen beziehen zu können. So erleichtern einmal eingeführte Standards die Anwendung von weiteren Standards. Professionelle Ethiken verstärken CSR-Instrumente und diese motivieren wiederum den Einsatz professioneller Normen (Valentine/Fleischman 2007). Formale Strukturen der Ethik wie CSR-Maßnahmen werden manchmal nicht Eins-zu-Eins angewendet, können aber Kultur und Entscheidungsprozesse von einzelnen Organisationen und gesamten organisationalen Feldern langsam verändern (Christensen et al. 2013; Eigenstetter/Löhr 2008). Selbst wenn CSR nur Diskurs bleibt, kann moralisch motivierte Kommunikation Visionen über eine wünschenswerte Zukunft der Organisation entwerfen und auf diese Art und Weise zur Veränderung motivieren (Christensen et al. 2013). Außerdem stehen Werte, einmal eingeführt, zur Verfügung und werden gegebenenfalls auch benutzt (Hasse/Japp 1997). So kommen mit der Zeit Werte wie Nachhaltigkeit vermehrt nicht nur in Ökobilanzen, sondern auch in internen Papieren vor. Aufgrund dieser prozessualen Bearbeitung moralischer Strukturen reicht es für die Evaluierung der Wirkung bestimmter Maßnahmen nicht aus, ihre Beschaffenheit zu analysieren, sondern es ist notwendig zu verfolgen, wie Organisationen sie in Praktiken und Diskurse über längere Zeiträume implementieren, bestätigen, weiterentwickeln, verändern oder vergessen (Jensen et al. 2009).

In einigen Fällen ist und bleibt Moral nur eine Fassade, in anderen wirkt sie tatsächlich strukturell. Strukturen jedweder Art beschränken zwar Möglichkeiten, determinieren aber nie Entscheidungen (Luhmann 2000: 132-140). Wenn man dies betrachtet, kann man selbst bei Organisationen, die zahlreiche moralische Elemente inkorporieren, auf der operativen Ebene keine moralischen Entscheidungsprozesse erwarten in dem Sinne, dass ein rein moralisches Urteil stattfindet, sondern Entscheidungen sind höchstens von einer „bounded moral rationality" charakterisiert (Donaldson/Dunfee 1994: 256-259). Entscheidungen werden immer in einer Situation getroffen, die unsicher und mehrdeutig ist. Moral kann dies nicht ändern, sondern kann nur im Entscheidungsprozess als ein Kriterium unter vielen einfließen und Entscheidungen mitstrukturieren.

2.5.5 Vielfältige Wirkungen von Moral in Organisationen

Die Selektivität der Organisation und damit ihre Respezifikationsfähigkeit ist durch ihre Autopoiesis bestimmt. Aus diesem Grund ist Varietät der Moral zu erwarten. Allerdings können typische Wirkungen von Moral ausgemacht werden. Diese sind dadurch bedingt, dass moralische Kommunikation Universalität anstrebt, jedoch nur kontingente Formen bildet.

Luhmann sah als Funktionen der Moral für Funktionssysteme diejenigen des Schutzes des Codes und der Alarmierung angesichts problematischer Umstände (Krohn 1999; Hellmann 2003; Luhmann 1997: 404-405): Moralische Kommunikation kann entweder das Gegebene legitimierend schützen und/oder umgekehrt Probleme signalisieren. Ähnliche Funktionen können auch für Organisationen beobachtet werden. Dass Moral für die Logiken der Organisation unterstützend oder aber kritisch wirken kann – beides enthält Chancen und Risiken.

2.5.5.1   Die Unterstützung der Moral

Moralische Kommunikation ist leicht zu aktualisieren und schwer abzulehnen. Ihre Tendenz zur Universalisierung wirkt legitimierend. Die Werte, die dabei mitgeteilt werden, gelten als „taken for granted" und können aufgrund ihres hohen Abstraktionsgrades nicht getestet werden (Schein 1985: 20-21). So erzeugen sie auf der sachlichen Ebene einen Eindruck von Notwendigkeit, als ob es jenseits der Kontingenz der modernen Funktionssysteme einen festen Boden geben könnte (Luhmann 1996a). Als Folge kann moralische Kommunikation Organisationen unterstützen. Dieser Effekt wird schon im Neoinstitutionalismus hervorgehoben (Meyer/Rowan 1977): Einem Unternehmen, das als moralisch gut gilt, wird geholfen. Moral wirkt dabei strukturierend, weil sie, obwohl nicht direkt zu Entscheidungen führend, Randbedingungen schafft, die es ermöglichen, dass die Organisation zu Entscheidungen kommt. So ist am Beispiel der ethischen Fallbesprechung in Krankenhäusern gezeigt worden, dass moralische Gründe nicht diejenigen Faktoren sind, die Entscheidungen prägen. Wenn medizinische Entscheidungen aber in „ethischen Gremien" getroffen werden, gewinnen sie an Legitimation (Saake/Kunz 2006). Expertise kann sich durchsetzen, wenn sie sich als „ethisch sensibilisiert" darstellt (ebd. 54). Dies ist besonders wichtig, wenn Verfahren unsicher werden.

Organisationsintern ist moralische Kommunikation aber unterstützend vor allem, weil Werte als Motivatoren gelten (Etzioni 1961; Luhmann 1964: 101-102; Stichweh 2000c: 29). Das funktioniert, weil durch den Bezug auf Werte gemeinsame Ziele und positive Zukunftsvisionen artikuliert werden können (Christensen et al. 2013). Außerdem signalisieren Werte den Einzelnen die Möglichkeit, mit einem bestimmten Verhalten Achtung zu erwerben. Werte gehören zu den weichen Faktoren, die hinsichtlich der Motivation der Organisationsmitglieder von großem Nutzen sein können (Priddat 2010: 43-46). Eine solche Wirkung lässt sich häufig in NPOs feststellen (Brown/Slivinski 2006: 141-142; Minkoff/Powell 2006; Stichweh 2000c), aber dieses Phänomen kann im Prinzip in allen Organisationsformen vorkommen. Sogar in Unternehmen können Werte motivierend wirken. So können beispielsweise Unternehmen, die Werte wie „Nachhaltigkeit" oder „Innovation" verfolgen, sich auf eine stärkere Motivation ihrer Mitarbeiter verlassen (Hoffman 2005; für das Beispiel von Apple siehe: Poulton 2005).

Darüber hinaus kann Moral organisationale Prozesse unterstützen, weil sie einen Rahmen bildet, innerhalb dessen andere Logiken operieren können. So ermöglicht es etwa das Prinzip der Fairness, längerfristige Tauschbeziehungen zu gestalten (Pohlmann 2008: 166) sowie Geschäfte schneller abzuwickeln, weil man davon ausgehen kann, dass man nicht systematisch betrogen wird. Wenn man moralisches Verhalten voraussetzen kann, wir ein Möglichkeitsraum abgesteckt, in dessen Rahmen sich andere Logiken entfalten können. Bestimmte Werte können zu zentralen Frames einer Organisation werden (Eigenstetter/Löhr 2008; Poulton 2005; Wieland 2004), wodurch ihre Identität (von Groddeck 2011b) erkannt wird und die es ermöglichen, das organisatorische Geschehen daraufhin zu interpretieren und entsprechend auszurichten. Elemente, die nicht passen, werden ausgeschlossen. Diese orientierende Funktion wird dadurch gestärkt, dass moralische Kommunikation organisationalen Dynamiken ein simplifiziertes Verständnis von Vorgängen anbietet. Mit Verweis auf Moral können detailreiche technisch-wissenschaftliche Analysen suspendiert werden, weil die moralische Schätzung etwa die Güte von Projekten oder Investitionen ohne weiteres garantiert. Simplifizierungen werden insbesondere durch die Bindung moralischer Kommunikation an die Unterscheidung Achtung/Missachtung erreicht. Wer moralisch kommuniziert, sucht Verantwortliche und diese können leicht unter dem Personal gefunden werden. Folglich kann moralische Kommunikation, wenn Missstände zutage treten, zumindest vorübergehend davon abhalten, die Ursachen für Missstände in den Strukturen der Organisation oder in ihrer technischen Infrastruktur zu suchen (Besio 2014). Dies geschieht typischerweise bei Skandalen oder auch beim Versagen von technischen Systemen.

Die unterstützende Wirkung der Moral kann aber gewisse Risiken mit sich bringen. Werte implizieren eine gewisse Unbeweglichkeit. Während im Rahmen der akzeptierten Werte viele Möglichkeiten zugelassen sind, ist alles, was den

Werten widerspricht, schwer zu akzeptieren (Minkoff/Powell 2006). Das hat vor allem mit der Motivationsstruktur der Mitglieder zu tun: Eine moralische Bindung impliziert eine Festlegung, die nicht beliebig situativ veränderbar ist.[24] Werte können zwar stark motivieren, aber sie reduzieren die Versatilität der Mitglieder (Luhmann 1964: 103). Wer sich z.b. gegen bestimmte Prozeduren äußert, beschränkt seine Einsetzbarkeit (Jackall 1983: 123).

Eine moralische Fassade kann weiterhin das Risiko beinhalten, dass Organisationen, die sich als moralisch darstellen, sich de facto sehr riskante Entscheidungen erlauben können (Devinney 2009). Diese Wirkung kann sich im Fall von Katastrophen entfalten, wenn etwa das Anprangern von Schuldigen eine Schein-Erklärung liefert, mit der sich jede weitere Suche nach Verbesserungsmöglichkeit erübrigt. Die simplifizierende Wirkung stärkt diesen Effekt. Während eine solche moralische Kommunikation für Organisationen kurzfristig von Vorteil sein kann, weil sie ihnen Zeit gewährt, um etwa im Nachgang von Katastrophen stillschweigend ihre Strukturen zu rekonstruieren, ist sie langfristig riskant, weil sie einerseits eine technische Analyse verdrängt und andererseits keine Lösung für komplexe Probleme anbieten kann (Ortmann 2010a 253).

Ähnliche Mechanismen können auch in ruhigen Zeiten greifen. So ist am Fall der Volkswagen-Emissionen gezeigt worden, wie Praktiken der Unternehmensethik das Unternehmen nicht davon abgehalten haben, normenwidrig zu handeln (Rhodes 2016). Nicht nur ist moralische Kommunikation unter Umständen wirkungslos, sondern Moral kann sogar dabei helfen, über längere Zeiträume Missstände zu verstecken. Dies ist z.B. im Falle des US-Energiekonzerns Enron geschehen, der 2001 Pleite gegangen ist. Enron war ein sehr angesehenes Unternehmen, das für Kultur gespendet und Maßnahmen für die Zufriedenheit der Mitarbeiter eingeführt hat. Die Insolvenz dieses Unternehmens konnte aber auf eine langjährige Praxis der Bilanzfälschungen zurückgeführt werden. Es gibt viele Elemente, die diese Praxis ermöglicht haben, eines davon war die moralische Fassade (Clegg et al. 2007: 113; Sims/Brinkmann 2003: 249).

2.5.5.2 Kritisches Potenzial der Moral

Da moralische Kommunikation das „Gute" sucht, das für alle gelten soll, erzeugt sie wie gezeigt einen Legitimationseffekt. Demgegenüber hat die Neigung der Moral zur Universalisierung in einer Situation, in der kein gesellschaftlicher Zusammenhang mehr da ist, der garantiert, dass Werte notwendig, stabil und

---

24   Anders ist es, wenn die Mitarbeiter durch Geld motiviert sind. Das Medium Geld ermöglicht
     es, die Mitarbeiter zum Mitmachen zu bewegen ohne ihre tiefe Motivationsstruktur anzutasten.
     Das hat den Vorteil einer hohen Flexibilität (Luhmann 1964: 94-95).

konsensfähig bleiben, zur Folge, dass häufig Wertkonflikte entstehen. Im Gegensatz zu anderen soziologischen Theorien betont die Systemtheorie, dass Moral polemogen ist (Jäger/Coffin 2011; Fuchs 2010; Luhmann 2008[1978]: 111). Da jede Moral die Kriterien des „Guten" zu universalisieren beansprucht, kann sie andere Positionen nicht tolerieren. Diese auf den ersten Blick gefährliche Eigenschaft kann jedoch positive Effekte auslösen: Moralische Konflikte führen dazu, dass Moral ein „device for an enduring self-irritation of the society" wird (Luhmann 1993b: 779) und sogar eine Alarmierungsfunktion übernehmen kann (Luhmann 1997: 404).

Moral kristallisiert dort, wo dringende Probleme nicht mit den Mitteln der Funktionssysteme und deren Organisationen gelöst werden können. Im Fall von Armut, Ökologie und Risikofragen wirkt sie kritisch (Luhmann 1997: 404). Die Kritikfähigkeit der Moral ist dadurch gesteigert, dass sie keine präzise Verhaltensmaxime gibt, sondern abstrakt bleibt und keine direkten Folgen nach sich zieht (Corsi 2000; Giegel 1997: 339-340)[25]. Für Organisationen bedeutet diese Kritikfähigkeit, dass Moral bewährte Praktiken in Frage stellen und auf Störungen, Unzulänglichkeiten und Pathologien aufmerksam machen kann. Ausgehend von diesen Überlegungen wird Moral in einem positiven Sinn als eine „Heuristik", als eine Suchstrategie aufgefasst (Homann/Blome-Drees 1992: 140-149). So kann etwa der „Respekt der Natur" dazu anregen, neue Technologien beim Bau von Autos anzuwenden. Als frühes Beispiel beschreibt Jackall (1983) den Fall der Regulierung der Exposition der Arbeiter an der „cotton dust" in der Textilindustrie in den USA. Diese moralisch motivierte Regulierung zum Schutz der Gesundheit der Arbeiter verlangt von den Firmen teure Anpassungen. Die Industrie wehrt sich jahrelang. Gleichzeitig geht sie mit dem Problem aber in einer indirekten Art und Weise um: Sie investiert in Innovationen bei Verarbeitungsprozessen, die nicht nur die Gesundheitsrisiken reduzieren, sondern auch die Produktivität erhöhen. Die Leiter gestehen, dass es ohne eine Erhöhung der Produktivität unmöglich gewesen wäre, diese Maßnahmen zu ergreifen (Jackall 1983: 129); sie gestehen aber auch, dass die genannte Regulierung ein Faktor gewesen ist, der technologische Innovation nach Jahren der Stagnation gefördert hat (ebd.). Moral hilft nicht nur Missstände festzustellen und neue Lösungen zu suchen, sondern moralische Kritik erleichtert auch die Einleitung von Veränderungen. In der Folge von moralischen Skandalen können etwa Reformen eingeführt werden, die seit langem fällig waren aber nicht durchgesetzt werden konnten (Hellmann 2003: 117). Unter Umständen können aber eher die Risiken der Moral zutage treten und moralische Kommunikation kann nicht so sehr Kritik, sondern vielmehr Konflikt anregen. Durch rationalisierte Prozeduren entlastet sich die Organisation vom Konflikt verschiedener Standpunk-

---

25 Obwohl jede Logik jede andere kritisieren kann (Boltanski/Thévenot 2007 [1991]), ist das kritische Potenzial der Moral aus diesem Grund besonders hoch.

te. Mit Moral werden diese wieder eingeführt. Problematisch ist, dass Konflikte dann schwer einzudämmen sein können. Dies hängt damit zusammen, dass man mit organisationalen Prozeduren dann schwerlich entscheiden kann, weil durch den Bezug auf Moral die Organisation auf den Code gut/schlecht verweist, der eine Fremdreferenz ist. Moralisches Verhalten ist gefährlich, weil es für die Organisation schwer vorherzusehen und zu regeln ist (Ortmann 2010a: 118-119; Bauman 1992: 240-242.).

2.6 Schluss

Dieser Beitrag betont die Vielfalt der Moral in Organisationen und zeigt, dass diese als Ergebnis von Respezifikationsprozessen erklärt werden kann, die von den autopoietischen Logiken dieser Systeme bestimmt werden. Diese Prozesse sind nie abgeschlossen, sondern finden kontinuierlich statt.

Der Akzent auf der autopoietischen Dynamik von Organisationen verdeutlicht, dass bei der Einbeziehung von moralischen Standpunkten nicht immer ein ökonomisches Kalkül zugrunde liegen muss, sondern Moral aus verschiedenen Gründen strategisch durch Entscheidungen oder auch unabsichtlich etwa dank Routinen relevant werden kann. Das bestimmende Element sind eben die Operationen und die Strukturen des Systems.

Die Eigendynamik der Organisation wirkt sich in mehreren Hinsichten aus. Erstens hängt die Entscheidung, welche moralischen Wertvorstellungen für eine Organisation überhaupt in Frage kommen, von ihren Sinnvorstellungen und operativen Strukturen ab. Folglich kann das, was für die eine Organisation als moralisch gilt, für eine andere eher verwerflich sein. Zweitens wird die wahrgenommene Moral in Organisationen unterschiedlich und auf verschiedenen Ebenen respezifiziert, je nachdem, wie die jeweilige Organisation damit umgehen kann. Je nach Beschaffenheit des Systems ist es mehr oder weniger wahrscheinlich, dass moralische Gesichtspunkte in die formalen Strukturen oder in die Kultur der Organisation aufgenommen werden, die Zwecke oder vielmehr das Personal beeinflussen und als Fassade oder eher als tiefgreifende Entscheidungskriterien wirken. Drittens hängt es von der jeweiligen Eigendynamik der einzelnen Organisation ab, welche Funktionen moralische Kommunikation erfüllt und welche Risiken konkret eintreten. In einigen Fällen wirkt sie legitimierend, während in anderen gerade ihr Kritikpotenzial im Vordergrund steht. Moral kann Optionen beschränken, weil der Bereich des moralisch legitimierbaren limitiert ist, sie kann aber auch Optionen erweitern, weil sie durch ihre Kritikfähigkeit auf Einseitigkeiten aufmerksam macht.

Die Macht der organisationalen Respezifikation soll jedoch nicht den Eindruck erwecken, dass Organisationen Moral beliebig umformen können. Denn

Moral behält ihre charakteristische Form, die durch den Code gut/schlecht bestimmt ist und in der spezifischen Kombination von Universalisierungstendenz
und Kontingenz der Formen Ausdruck findet. Darüber hinaus sind Organisationen nicht die einzigen Instanzen, die mit Moral umgehen, sondern sie sind immer mit den Formbildungen der Moral konfrontiert, die in anderen Kontexten
stattfinden. Organisationen können Moral für sich nutzbar machen, gerade wenn
sie imstande sind, sowohl der Spezifizität der Moral als auch ihren gesellschaftlichen Formen Rechnung zu tragen.

3 Moral, Ethik und Werte außerhalb und innerhalb von Organisationen.
Das Beispiel des Diskurses über Klimawandel

Cristina Besio und Andrea Pronzini[26]

3.1 Einleitung

Negative Konsequenzen der Entwicklung der Industriegesellschaft wie der Klimawandel können soziologisch als moderne Risiken charakterisiert werden (Beck 2009). Der öffentliche Diskurs über den Klimawandel selbst ist in erster Linie ein Diskurs über Risiken. Im Kern dreht sich die Auseinandersetzung um die Bewertung der Wahrscheinlichkeiten unterschiedlicher Erderwärmungsszenarien, ihr Ausmaß, die erwarteten Schäden durch Temperaturanstieg und mögliche Maßnahmen, um das Problem in Grenzen zu halten. Jedoch wird die dem Phänomen Klimawandel inhärente Komplexität in der Öffentlichkeit für gewöhnlich heruntergespielt oder sogar vollständig von moralisierenden Erklärungen ersetzt. In der Tat können moderne Risiken schnell in moralische Formen verwandelt werden. Die Massenmedien sind besonders geeignet, Risiken bestimmten Entscheidungsträgern zuzuschreiben, die dann für ihre „schlechten" Entscheidungen moralisch verantwortlich gemacht werden können (Luhmann 1991: 111-119). Massenmedien können mit anderen Worten Industrien oder Politiker öffentlich als verantwortungslos zur Schau stellen. Die Gesellschaft ist auf diese Weise mit einem „moralischen Gegenstück" zum komplexen Problem des Klimawandels ausgestattet, und der öffentliche Diskurs über Risiken verwandelt sich in einen „moralischen Sturm" (Gardiner 2006), etwa in Form eines pauschalisierenden Diskurses über Verantwortung für die Natur und nachfolgende Generationen.

Trotz der Zentralität von Moral und Ethik in der öffentlichen Klimadebatte gibt es noch immer keine überzeugende Erklärung der Rolle, die diese Art der Kommunikation für das spezifische Problem des Klimawandels spielt. Die Auseinandersetzung mit der einschlägigen Literatur offenbart eine starke Polarisierung des Themas: Moral und Ethik werden entweder verehrt oder sehr skeptisch betrachtet. Während einige Autoren argumentieren, dass sich die Lösung des

---

26 Dieser Text ist eine revidierte Fassung des englischen Beitrags "Morality, Ethics and Values outside and inside organizations. An example of the discourse on climate change" erschienen in: Journal of Business Ethics 119(3), 287-300 (verfasst mit Andrea Pronzini). Aus dem Englischen übersetzt von Jule Lorenzen.

Klimawandelproblems im kollektiven moralischen Verhalten von Ländern, Industrien und allen Bürgern befindet, (z.B. Northcott 2007; s. Harris 2003 für einen Überblick), betonen andere, dass Politiker und Unternehmen Moral aus einem ausschließlich opportunistischen Blickwinkel betrachten und sie instrumentalisieren, um ihr Image zu polieren (s. etwa Banjaree 2008; Joyner/Payne 2002; Laufer 2003). Wir glauben, dass beide Denkweisen jeweils nur einen Aspekt des Phänomens erklären und argumentieren für die Notwendigkeit eines theoretischen Rahmens, der einen ganzheitlichen Blick auf die unterschiedlichen Perspektiven über die Funktionen von Moral, Ethik und Werten in unserer Gesellschaft erlaubt. Wir streben an, einen solchen Rahmen zu erarbeiten, indem wir Konzepte des Neoinstitutionalismus mit denen der Systemtheorie verbinden (s. auch Hasse/Krücken 2005). Wir beginnen unsere Überlegungen mit den Konzepten der „Wertdiffusion" und der „Entkopplung" (Meyer/Rowan 1977) und reichern diese Erklärungen mit der Theorie der gesellschaftlichen Differenzierung in Funktionssystemen (wie Politik, Wirtschaft, Wissenschaft) und der Organisationen als Entscheidungssysteme an (Luhmann 1997; 2000). Dieser genuin soziologische Ansatz erlaubt es uns, nicht nur die globale Relevanz moralischer und ethischer Kommunikation zu beobachten sondern auch, auf Basis der spezifischen Bedingungen, unter denen beide von unterschiedlichen autonomen Systemen aufgenommen werden, ihre verschiedenartigen Implementierungen zu erfassen. In der Folge kann gezeigt werden, dass Moral in modernen Gesellschaften weder vollständig positiv wirkt noch komplett instrumentalisiert ist; vielmehr hängen die Folgen von Moral von ihrer spezifischen Anwendung in unterschiedlichen Kontexten ab.

Während uns unser theoretischer Rahmen erlaubt, Moral in verschiedenen gesellschaftlichen Kontexten zu beschreiben, liegt unser Fokus in diesem Beitrag jedoch auf der Moral und der Ethik von Unternehmen. Als machtvolle Akteure moderner Gesellschaft werden sie zum Mittelpunkt der Risikoadressierung. Eine Analyse dieser Systeme und Prozesse ist entscheidend, um die spezifische Rolle moralischer Kommunikation im Kontext von Klimawandel zu verstehen.

Von diesen Überlegungen ausgehend beginnen wir mit einer Einführung in die gegenwärtige Diskussion über Unternehmensethik und Klimawandel (2). Nachdem wir unseren theoretischen Rahmen umrissen haben (3), beschreiben wir einige Charakteristiken der moralischen Dimension des öffentlichen Klimawandeldiskurses. Wir gehen davon aus, dass die Massenmedien in der Gestaltung dieses Diskurses eine entscheidende Rolle spielen und gehen der Frage genauer nach, wie sie das Klimathema rahmen (4). Unser theoretischer Ansatz ermöglicht uns, verschiedenartige organisationale Reaktionen auf den öffentlichen Klimawandeldiskurs zu erfassen. Der dann folgende Abschnitt des Beitrags fokussiert auf die Beschreibung dieser Verschiedenheiten (5). Anschließend diskutieren wir unsere Ergebnisse und zeigen durch Bezug zu internen Organisationsdynamiken, wie die heterogenen Verwendungsweisen von Moral theoretisch erklärt werden können (6). Wir schließen den Beitrag mit einigen Ideen für weitere Forschungen zu diesem Thema ab (7).

3.2 Moral und Klimawandel in Unternehmen

Firmen in unterschiedlichen Industriezweigen werden derzeit aufgefordert, ihre Treibhausgasemissionen zu reduzieren. Einige Länder haben verpflichtende Vorschriften eingeführt, die Unternehmen beispielsweise dazu zwingen, festgelegte Emissionsziele zu erreichen; jedoch bleibt das Problem des Klimawandels sowohl auf den nationalen wie auf den internationalen Ebenen weitestgehend unterreguliert. In der Folge ist die gesellschaftliche Forderung, Unternehmen sollten Verantwortung für das Risiko der globalen Erwärmung übernehmen, in erster Linie und zuvorderst ethischer Natur. Der Klimawandel wird derzeit als eine der wichtigsten Gefahren für unsere Gesellschaft gesehen und der öffentliche Druck ist groß, Managementsysteme zu entwickeln und einzuführen, die fähig sind, das Problem anzugehen (Levy/Kolk 2001; Le Menestrel et al. 2002: 254-255).

Von diesen Überlegungen ausgehend werden die Reaktionen auf den externen Druck auf der Unternehmensebene mit wachsendem Interesse beobachtet. Unterschiedliche Reaktionsarten wurden identifiziert: Strategien wie die Gestaltung moralischer Signale enthaltende Selbstdarstellungen, die Einführung formal ethischer Systeme wie unternehmensweite Kennzahlen und Berichtswesen, Versuche der Energie-Effizienz-Optimierung, die Entwicklung innovativer Technologien oder die Teilnahme an öffentlichen Debatten, Initiativen und Gespräche, um ethische Verhaltensstandards mit zu gestalten usw. (Dhanda/Hartman 2011; Dawkins/Fraas, 2011; Eberlein/Matten 2009; Hoffman 2005; Laufer 2003; Levy/Kolk 2001; Le Menestrel et al. 2002; Schultz/Wehmeier 2010). Die vorliegenden Analysen basieren häufig auf Fallstudien einzelner organisationaler Umgangsweisen mit dem Klimawandel.

In Bezug auf die Rolle von Moral und Ethik beim organisationalen Umgang mit dem Klimawandel fällt die Forschung für gewöhnlich in eine der zwei Richtungen aus: einige sind sehr kritisch, während andere den Chancen für eine Bewältigung des Klimaproblems durch Moral und Ethik eher optimistisch gegenüber stehen.

Erstere, die „skeptischen" Beiträge, sehen ethische Maßnahmen der Unternehmen als nicht geeignet an, einen Beitrag zur Verringerung des Klimaproblems leisten zu können. Im Gegenteil betonen diese Untersuchungen, dass Unternehmen in den meisten Fällen mit der Übernahme klimabezogener Ethiken in erster Linie ihr Image verbessern wollen. Ethik wird zu einem PR-Instrument, aber nicht wirklich in die Kernoperationen und Entscheidungen einbezogen

(Crook 2005; Frankental 2001; Le Menestrel et al. 2002). So haben Forscher beispielsweise beobachtet, dass Firmen, die ihr Engagement für die Umwelt öffentlich machen, unternehmerisch gleichzeitig Entscheidungen fällen, die das Klima in Gefahr bringen können. Während etwa Ölfirmen – sie gehören zu den größten CO_2-Emittenten – zwar Forschungen zu erneuerbaren Energien finanzieren, liegt der Großteil ihrer Ausgaben in Investitionen für die Entwicklung und Produktion herkömmlicher Energien (für das Beispiel BP siehe Le Menestrel et al. 2002: 261).

Aus dieser Perspektive spiegeln CSR-Instrumente betrieblich-ökonomische Logiken und nicht moralische Rationalität wider (s. z.B. Banerjee 2008; Devinney 2009: 49-53). Unternehmen können sogar eine moralische Fassade errichten, um schädigendes Verhalten zu verdecken (Devinney 2009: 52). Befürchtungen, dass Unternehmen Maßnahmen wie Kennzahlen oder Berichterstattungen nur nutzen, um ihren Profit durch verbesserte Außenwahrnehmung zu vergrößern, sind bereits weit verbreitet und werden oft mit dem Konzept des „greenwashing" beschrieben (Laufer 2003: 255-259).

Die zweite Gruppe der Beiträge, die „Optimisten", hebt hervor, dass Winwin-Lösungen eine durchschlagende Möglichkeit sein können. Diese Lösungen können die zwei scheinbar widersprüchlichen Ziele in Übereinstimmung bringen, einerseits das Klima zu schützen und gleichzeitig Gewinn zu erzielen. Außerdem eröffnen umwelt- und klimabezogene Ethiken eine Reihe neuer Möglichkeiten für die Firmen, die bereits geneigt sind, Neuerungen einzuführen. Einige Unternehmen führen in ihrem Bestreben nach Emissionsreduzierung Mechanismen ein, die ihnen beispielsweise erlauben die Kosten für Produktion und Transport zu reduzieren. In dem Versuch mit dem Klimaproblem umzugehen und zugleich hohe Profitraten beizubehalten entwickeln manche Firmen letztlich neue Technologien oder erschließen neue Märkte (Kolk/Levy 2001; Hoffman 2005). Überdies können Unternehmen in Dialog mit Stakeholdern treten und an der Entwicklung neuer Formen der Governance beteiligt sein, die sowohl Umweltethiken als auch Wachstum fördern (Matten et al. 2008; Eberlein/ Matten 2009). Win-win-Lösungen sind manchmal eine Konsequenz aus Strategien, die ursprünglich für nicht mehr als Lippenbekenntnisse gedacht waren. Da der Diskurs kritischer Gruppen häufig die Glaubwürdigkeit von Maßnahmen ohne tatsächliche Konsequenzen unterminiert, sind Lippenbekenntnisse aber tatsächlich nicht von Dauer (Hiß 2006: 282-286; Scherer 2003: 18-46). Als Reaktion der auf die Diskrepanz zwischen Fassade und Kernentscheidungen abzielenden Kritik führen einige Unternehmen für den Umgang mit dem Klimaproblem dann spezifische Step-by-step-Maßnahmen ein.

Diese zwei Perspektiven auf die Bedeutung von Moral und Ethik scheinen polare Gegensätze zu sein. Hingegen argumentieren wir, dass ein soziologischer Ansatz zu diesem Thema zu einer integrierteren Sichtweise führen kann, der uns erlaubt, sowohl die Instrumentalisierung von Ethik als auch die konkrete Übernahme von moralischen Werten erklären zu können. Dieser Ansatz kann aufzeigen, dass Unternehmen, die von externen Akteuren unter Druck gesetzt werden, bestimmten Werten und Verhaltensmodellen zu folgen, diese Vorgaben nicht direkt übernehmen sondern sie stattdessen ihren eigenen Strukturen und kommunikativen Dynamiken entsprechend anpassen. Jede Entscheidung, sogar diejenige, die als ethisches Dilemma charakterisiert ist, wird im Kontext der organisationalen Kommunikationsdynamiken und Strukturen getroffen. In der Folge lässt sich eine Reihe unterschiedlicher Reaktionsarten auf gesellschaftliche Forderungen beobachten, die von unterschiedlichen Merkmalen und der Geschichte der Organisationen abhängen.

3.3 Moral, Ethik und Werte in einer funktional differenzierten Gesellschaft

Traditionell betrachtet die Soziologie Normen und Werte als die Strukturen, die Gesellschaft integrieren. Diese grundlegende Idee wurde besonders in den Ansätzen von Émile Durkheim und Talcott Parsons entwickelt. Die unintendierten Folgen von Moral in einer komplexen Gesellschaft sowie die mit der Implementierung moralischer Regeln in konkreten Settings zusammenhängenden Schwierigkeiten und auch die Konflikte zwischen verschiedenen Ethiken und Werten haben Niklas Luhmann dazu veranlasst, diese Perspektive weiter zu entwickeln. Nach Niklas Luhmann ist Moral in der modernen Gesellschaft nicht länger dazu in der Lage, soziale Ordnung zu sichern oder Hilfe zur Lösung akuter Probleme wie Umweltrisiken beizutragen (Luhmann 1990: 259-265; 1991: 242-247). Nichtsdestotrotz sind moralische Kommunikation und Ethik weit verbreitet und sogar moderne Unternehmen, von denen nur wenige ein so ausgerichtetes Verhalten erwarten würden, kommunizieren zunehmend mit ethischen Begrifflichkeiten. Eine Kombination der Erkenntnisse des neoinstitutionalistischen Ansatzes und Niklas Luhmanns Systemtheorie ermöglicht eine Erklärung der Formen und Mechanismen der moralischen Überflutung der Gesellschaft.

3.3.1   Definition von Moral

Aus Perspektive des Neoinstitutionalismus sind moralische Anliegen, Ethiken und Werte als Teil der Weltkultur (Meyer et al. 1997a; Meyer/Jepperson 2000) anzusehen, die Verhaltensmuster und -standards für alle Mitglieder moderner Gesellschaft setzt. In diesem theoretischen Rahmen ist Moral der Komplex von Normen, Verhaltensmodellen, Tugenden und Werten, der Gesellschaft charakterisiert. Werte diffundieren global, jedoch kann man Homogenität nicht annehmen. Tatsächlich umfasst die Weltkultur eine große Bandbreite von Werten, denen von verschiedenen Gruppen unterschiedliche Wichtigkeit zugeschrieben wird. Solche Werte reichen von Werten wie Umweltschutz, Frieden oder Gerechtigkeit bis hin zu Patriotismus oder sogar Nationalismus.

Die Systemtheorie betont, dass Moral in anderen Begriffen definiert werden sollte. Moral ist in erster Linie eine spezifische Form der Kommunikation, die sich an der Unterscheidung zwischen gut und schlecht orientiert (s. etwa Luhmann (2008 [1990]). Auf der interpersonalen Ebene drückt sich diese Unterscheidung in der kommunikativen Achtung für moralische Akteure und in der Missachtung von unmoralischen Akteuren aus (Luhmann (2008 [1990]). Moralische Urteile können auch auf Organisationen und Staaten angewendet werden, die dann Gnade erlangen oder in Ungnade fallen. Die Systemtheorie sieht moralische Kommunikation nicht als gute, korrekte und/oder verantwortungsvolle Kommunikation, sondern als eine spezifische, kontingente Form der Wirklichkeitsbeobachtung, die das Beobachtungsschema „gut/schlecht" anwendet. Werte und Normen spielen eine wichtige Rolle, da sie die zentralen Kriterien sind, die moralische Beurteilungen leiten. Werte stellen„ […] an account of what is valuable and what is not" (Jamieson 1992: 147) dar, Standards zur Bewertung von Verhalten. Schließlich bietet die Systemtheorie eine spezifische Definition von Ethik an: Ethik ist eine Reflexion auf Moral, also eine Reflexion darauf, was gutes oder böses Verhalten ausmacht (Luhmann (2008 [1990]). Ethik operiert im Bereich des Codes gut/schlecht; dennoch reflektiert Ethik Werte oder die Korrektheit spezifischer moralischer Einstellungen, anstatt direkte moralische Urteile zu fällen.[27]

Systemtheoretisch betrachten wir moralische Kommunikation als eine sehr spezifische Form der Kommunikation. Diese Kommunikationsform trifft Urteile über gutes und schlechtes Verhalten. Solche Urteile werden heute, im Sinne des Neoinstitutionalismus, durch global diffundierende kulturelle Normen, Werte und Modelle geleitet.

3.3.2 Diffusion von Moral

Eine Stärke des Neoinstitutionalismus ist seine Erklärungskraft in Sachen Wertediffusion. Aus dieser Perspektive handelt es sich dabei nicht um Prozesse, die aus strategischen Interessen bestimmter Akteure resultieren sondern um gesellschaftliche Gesetzmäßigkeiten (Meyer 2007). Wir können „[…] worldwide waves of copying of fashionable institutions and policies" beobachten und

---

27 Im Folgenden verwenden wir „Moral", um uns auf den in diesem Beitrag diskutierten Komplex der Be-griffe im Allgemeinen zu beziehen, und „Werte" und „Ethiken", wenn weitere Spezifikation nötig ist.

„models of the good society [that] are strongly isomorphic" (Meyer 2007: 263). „Rationalisierte Akteure" (Meyer et al. 1997a) spielen in dieser Konzeptualisierung eine wichtige Rolle. Das bedeutet, dass die Diffusion einer globalen Kultur von legitimierten Beratern wie NGOs oder unabhängigen Wissenschaftlern abhängt, die Richtlinien für andere darüber bereitstellen was es heißt, sich fair zu verhalten (Meyer/Jepperson 2000; Meyer 1997). Von diesen moralischen Akteuren wird erwartet, dass sie nicht eigennützig oder gemäß des Interesses einer spezifischen Gruppe agieren, sondern sich vielmehr dem Gemeinwohl entsprechend verhalten. Diese Argumentationslinie kann auch auf die Entstehung und Verbreitung eines Umweltregimes und seine entsprechenden Werte übertragen werden (Meyer et al. 1997b).

Die Verbreitung von Werten vom Standpunkt der Systemtheorie Niklas Luhmanns zu beobachten erfordert, sie durch Hinzunahme der Dynamiken von Funktionssystemen zu erweitern. Moral ist kein System sondern eine bestimmte Form der Kommunikation der Gesellschaft. Die Systemtheorie betont aber auch, dass in der Moderne Systeme mit spezifischen Funktionen in wichtigen Sektoren der Gesellschaft entstehen (Luhmann 1994b; 1997). Das Wirtschaftssystem beschäftigt sich beispielsweise mit der Distribution knapper Güter; das politische System trifft kollektiv-bindende Entscheidungen; Wissenschaft arbeitet an der Vermehrung des Wissens usw. Aus Perspektive der Systemtheorie diffundieren Moral, Ethik und Werte, weil unterschiedliche Funktionssysteme das Vermögen haben, sich auf sie zu beziehen. Moral durchzieht alle Funktionssysteme in verschiedenen Formen und Ausmaßen: Die Wissenschaft kann die Notwendigkeit moralischer Entscheidungen erforschen und das politische System kann strenge Regeln einführen, um moralisch korrektes Verhalten zu fördern, aber auch auf formale Regeln verzichten und auf die Durchschlagkraft ethisch begründeter Verpflichtungen setzen. Außerdem nehmen ganze Märkte Moral in ihr Marketing und in ihre Verkaufsstrategie auf. Die Massenmedien – selbst ein Funktionssystem – beziehen sich ebenfalls stark auf moralische Urteile in ihrer Berichterstattung, was aufgrund ihrer Funktion, ein allgemeines Gedächtnis für moderne Gesellschaften zu konstruieren, besonders relevant ist. Obwohl Werte „are not confined to a specific function system, [...] mass media serve as the guardians of morality" (Luhmann, 1994, p. 34). Funktionssysteme beziehen sich auf Moral nicht nur auf diese direkte Art und Weise, sondern tätigen zudem reziproke Beobachtungen (Luhmann 1990: 218-226) der Formen, wie andere Systeme Moral berücksichtigen. Politische Anreize können beispielsweise die Wirtschaft dazu veranlassen, bestimmte Marktnischen für grüne Produkte zu entwickeln.

Ferner hebt die Systemtheorie die Evolution einer weiteren systemischen Dynamik der Moderne hervor: Organisationen. Diese sind definiert als autonome Systeme, die zwischen sich selbst und der Umwelt durch die Reproduktion spezifischer Operationen unterscheiden: durch Entscheidungen. Die rekursive Produktion von Entscheidungen konstituiert die Einheit der Organisationen (Luhmann 2000). Um Entscheidungsprozesse zu ermöglichen, verfestigen sie Strukturen wie Hierarchien, Prozeduren, Routinen und Kulturen. Organisationen sind zwar autonome Systeme, stehen aber in engen Beziehungen zu Funktionssystemen. Denn Organisationen übernehmen durch andere Funktionssysteme gesetzte Kriterien in ihre Entscheidungsprozesse (beispielsweise stellen Marktpreise und technische Standards wichtige Kriterien bereit). Außerdem nehmen sie vielfältigen Bezug zu Moral und Ethik und tragen somit zu ihrer weiteren Verbreitung bei.

Die Verbindung von Neoinstitutionalismus und Systemtheorie erlaubt uns zu erklären, dass globale Dynamiken Druck auf verschiedene soziale Systeme ausüben, sich auf moralische Normen und Werte zu beziehen. In der Konsequenz durchdringt Moral alle Funktionssysteme und Organisationen.

3.3.3 Transformation von Moral

Zusätzlich zu seinem Konzept der globalen Diffusion wirft der Neoinstitutionalismus zugleich ein Licht auf den Umstand, dass die auf der Ebene der Weltgesellschaft geteilten kulturellen Modelle nicht Eins-zu-Eins in lokale Kontexte eingesetzt werden. Dieser Prozess, der als Entkopplung definiert wird, findet auch auf Ebene der Organisationen statt (Meyer/Rowan 1977). Kommt es zu Entkopplung, gibt es eine schwache Verbindung zwischen den formalen Strukturen einer Organisation und ihren praktischen Handlungen (Meyer et al. 1997a). Zwar wird von Organisationen erwartet, ihre eigenen Ziele zu definieren, Entscheidungen zu treffen und sich sogar rational zu verhalten. In Wirklichkeit handeln sie routinehaft und vernachlässigen ihre deklarierten Ziele (s. auch Brunsson/Olsen 1999). Dasselbe gilt, wenn Organisationen mit Moral und Ethik konfrontiert werden. In diesem Fall wird Entkopplung erwartet, da die Gesellschaft mit unterschiedlichen und sogar konfligierenden Werten operiert.

Der Neoinstitutionalismus ist oft kritisiert worden wegen der fehlenden Ausarbeitung einiger seiner eigenen Konzepte; dies trifft auch auf Entkopplungsprozesse zu (s. für einen Überblick Scott 2001: 193-197). Zwar mag diese Kritik auf ältere Arbeiten zutreffen, die jüngere Literatur enthält aber eine Reihe von Konzepten zur Erklärung solcher Prozesse. Gerade das Konzept der „Übersetzung" verdeutlicht, dass die Übernahme einer Institution immer mit Anpassungen auf der lokalen Ebene verbunden ist (Czarniawska/Sevón, 1996). Mit der Idee der auf den Bereich des Rechts angewendeten „endogenen Institutionen" zeigt Edelman außerdem, dass Regulierungen als endogen angesehen werden müssen, da sie von Organisationen durch spezifische Adaptionsstrategien geformt werden (Edelman et al. 1999; Edelman 2005). Diese Konzepte ermöglichen die Beschreibung der Wege, wie Institutionen übernommen werden, es mangelt ihnen aber an Konzepten, um zu erfassen, wie interne Wirkungsdynamiken von Organisationen zu unterschiedlichen Formen der Übernahme führen.

In der Konsequenz kann diese Theorie nicht erklären, wie sich das Verhältnis zwischen externen Institutionen und organisationalen Akteuren gestaltet. Um diese Lücke zu füllen, werden wir im Folgenden einige von der Systemtheorie angebotene Konzepte einführen (s. auch Hasse/Krücken 2005), wie sie von Niklas Luhmann skizziert wurden.

Der vom Neoinstitutionalismus beschriebene Prozess der Entkopplung tritt für die Systemtheorie immer dann auf, wenn sich ein System, sei es ein Funktionssystem oder eine Organisation, in der ihr eigenen Art und Weise auf eine andere Form der Kommunikation bezieht. Dies gilt auch für Kommunikation, die Moral beinhaltet. Ethik und moralische Anliegen werden also verarbeitet, indem sie von unterschiedlichen Kommunikationssystemen spezifisch transformiert werden. Funktionssysteme beziehen sich auf Moral und Ethik, aber sie tun dies in ihrer eigenen Weise und gehen dabei von ihren eigenen spezifischen Bedürfnissen aus (Luhmann 2008 [1989]: 333-334; 1990). Politiker verleihen Werten eine Wichtigkeit, etwa um bestimmte Programme zu befördern oder um Wahlen zu gewinnen; die Wirtschaft kann Werte berücksichtigen, wenn angenommen wird, dass sie einen positiven Effekt auf Profite haben. Während diese Systeme also zur Diffusion von Moral beitragen, respezifizieren sie sie zugleich. Wissenschaft, Politik, Wirtschaft usw. können sich auf Moral und Ethik nur im Prozess der Reproduktion der eigenen spezifischen Operationen beziehen. Die im Bereich dieser Systeme agierenden Organisationen produzieren außerdem eine weitere Respezifikation: Sie transformieren die externe Komplexität in eine andere, konkretere und klarere Form. Verschiedene politische Parteien betonen beispielsweise den Wert der Nachhaltigkeit in ihren Programmen in Verbindung mit unterschiedlichen Projekten. Universell als gültig geltende und auf das Gemeinwohl ausgerichtete Ethik und Moral wird so auf Grund der spezifischen Verwendungsweisen innerhalb von Funktionssystemen und Organisationen fragmentiert.

Neoinstitutionalistisch und systemtheoretisch sehen wir Moral als in der (Welt)Gesellschaft zirkulierendes Medium; eines, das in spezifischer Art und Weise von unterschiedlichen Kommunikationssystemen transformiert wird. Diese Transformation führt häufig zu Entkopplungen.

3.4 Außerhalb von Organisationen: Der öffentliche Diskurs über den Klimawandel

Während jedes Funktionssystem (Wirtschaft, Politik, Bildung, Recht usw.) in die Diffusion von Werten involviert ist, argumentieren wir, dass die Massenmedien dabei eine zentrale Rolle spielen. Dies hängt von dem Umstand ab, dass Massenmedien in der Lage sind, eine Beschreibung der sozialen Welt und der Natur zu konstruieren, die als allgemeiner Bezugspunkt für unterschiedliche gesellschaftliche Akteure dient (Luhmann 1996b)[28]. Bei dem Verweis auf moralische Prinzipien beziehen sich andere Akteure, beispielsweise Politiker oder ökonomische Organisationen, in erster Linie auf Werte und moralische Erwartungen, die durch die Massenmedien bereitgestellt werden.[29]

Medien entwickeln in der Betrachtung des Klimawandels eine diskursive Konstruktion sowohl von Ereignissen und Problemen als auch von Positionen sozialer Akteure (Carvalho 2008). Dieser Diskurs ist durchsetzt von Moral, ethischen Forderungen und Werten: „it is crucial to notice that the history of climate change is not just about facts, evidence and argument. Images [...] matter enormously. So do relationships [...]. Values count, too [...]" (Evans/ Steven, 2007: 14). In ihrer Kommunikation verbreiten die Massenmedien moralische Perspektiven nicht nur durch den Bezug zu allgemeinen moralischen Prinzipien, sondern durch ihre kontinuierliche Transformation im Rahmen der eigenen internen kommunikativen Logiken. Im weiteren Verlauf dieses Abschnittes beschreiben wir anhand von gegenwärtig verfügbaren Untersuchungen (Antilla 2005; Besio/Pronzini 2010; Boykoff/Boykoff 2007; Brossard et al. 2004; Carvalho/Burgess 2005; Nisbet 2010; Olausson 2009; Weingart et al. 2000)[30] zentrale Aspekte, wie die öffentliche Klimadebatte moralische Begriffe geformt hat.[31]

Zunächst stellen die Massenmedien das Konzept der Verantwortung ins Zentrum des Diskurses. Das ist für den Umgang der europäischen Medien mit dem Klimawandel evident (s. etwa Brossard et al. 2004; Olausson 2009; Weingart et al. 2000). Von Beginn des Diskurses in den 1980er Jahren an haben europäische Medien hervorgehoben, dass anthropogene CO_2-Emissionen einen Wandel des Klimas erzeugen, der potenziell hochgradig schädlich für die Gesell-

---

28   Eine Analyse der gegenwärtigen Medienkommunikation sollte auch das Internet mit einschließen. Weil die traditionellen Medien aber noch immer eine zentrale Rolle bei der Priorisierung von Nachrichten sowie bei der Rahmung von Problemen (Jarren 2008) spielen, fokussieren wir auf Untersuchungen, die die Berichterstattung in Zeitungen und im Fernsehen zur Grundlage haben. Wir sehen das als ausreichend an, da unser Fokus darin liegt, die zentralen Rahmungen zu identifizieren und nicht darin, eine Analyse von Differenzen innerhalb der Medien zu betreiben.

29   Das bedeutet nicht, dass die Kommunikation in den Medien als eine einseitige Beschreibung angesehen werden muss. Vielmehr baut die mediale Darstellung von gesellschaftlichen Problemen notwendigerweise auf den Sichtweisen anderer Akteure auf (Carvalho 2008: 164).

30   Obwohl es interessant wäre, die mediale Berichterstattung zum Klimawandel in Entwicklungsländern mit einzubeziehen, fokussieren wir aufgrund des derzeitigen Mangels verfügbarer Studien ausschließlich auf Industrieländer.

31   Ein „frame" ist ein Interpretationsmuster, das unterschiedlichen Fakten Bedeutung verleiht und so als Basisstruktur des Diskurses dient. Frames können verschiedene Elemente beinhalten: die Definition eines Problems, Kausalbeziehungen, Akteure, einen Kriteriensatz zur Beurteilung von Verhalten usw. (Entman 1993).

schaft ist. In der Folge wurden unterschiedliche Akteure wieder und wieder aufgerufen, sich durch die Reduktion der Emissionen verantwortungsvoll zu verhalten. Dieser Diskurs über Klimawandel ist auf Forderungen konzentriert (Trumbo 1996), die sich in Handlungsaufrufen materialisieren.

Alle Diskurse über moderne Risiken unterscheiden zwischen Akteuren, die für potenziell schädigende Entscheidungen verantwortlich sind (Entscheidungsträger) und solchen, die dem Schaden ausgesetzt sind, ohne ihn verursacht zu haben (Betroffene) (Luhmann 1991). Diese binäre Unterscheidung wird in kommunikativen Prozessen geschaffen und fortlaufend geformt. Dies trifft auch für den Klimawandel als Risiko zu; wobei in diesem Fall die relevanten Definitionen darüber, wer in die Kategorie der Entscheidungsträger und wer in die der unschuldigen Opfer fällt, von den Massenmedien aufgestellt werden. Die europäischen Massenmedien präsentieren den Klimawandel auf der einen Seite als anthropogenes Problem, das jedoch von mächtigen Akteuren gelöst werden könnte, wenn diese von der Vielzahl nützlicher verfügbarer Lösungen Gebrauch machen würden (Besio/Pronzini 2010). Auf der anderen Seite wird der Klimawandel als ein Problem wahrgenommen und kommuniziert, das in variierendem Ausmaß die Umwelt, arme Länder und künftige Generationen betrifft.

Hier interessiert vor allem die Rahmung der Entscheidungsträger. Indem der Klimawandel als ein Problem gerahmt wird, das durch menschliche Handlung gelöst werden kann, können Zuschreibungen von Verantwortung beziehungsweise das Fehlen derselbigen als wiederkehrende Argumentationen identifiziert werden (Besio/Pronzini 2010; Brossard et al. 2004: 364; Olausson 2009: 247). Die Medien statten einige Entitäten somit mit „the capacity for responsible agency" aus (Meyer and Jepperson 2000): sie sehen wechselweise verschiedene Industrien, die gesamte Wirtschaft, Staaten, Politik im Allgemeinen oder sogar die gesamte Menschheit als verantwortlich für die Schädigung des Klimas und daher verantwortlich, Initiative zu ergreifen, um den Schaden zu begrenzen. In den meisten Fällen sind die primären Adressaten solcher Forderungen nationale oder internationale politische Akteure (Olausson 2009: 246-248; Weingart et al. 2000). Für die Fragestellung dieses Beitrages ist von besonderem Interesse, dass Verantwortung häufig auch der Wirtschaft zugeschrieben wird. Als mächtige Akteure, die im Rahmen der globalen Erwärmung eine gewisse Rolle gespielt haben, werden besonders die in hochgradig verschmutzenden Industrien operierenden Unternehmen aufgerufen, Verantwortung für die Folgen ihrer Handlungen zu übernehmen. Ihre Handlungen, so die zunehmend verbreitete Sicht, sollten nicht nur auf Profitmaximierung sondern auf die Erfüllung der Rolle verantwortungsvoller Gesellschaftsmitglieder ausgerichtet sein (Le Menestrel et al. 2002).

In den US-amerikanischen Medien hatte die Berichterstattung jahrelang einen anderen Tonfall. Bis vor einiger Zeit wurde in den amerikanischen Medien vor allem die Unsicherheit wissenschaftlicher Erkenntnisse hervorgehoben, wodurch

Politik und Industrie aus der Verantwortung enthoben wurden, Emissionen zu reduzieren (Antilla 2005; Boykoff/Boykoff, 2007; Nisbet 2010). Die Rahmung der globalen Erwärmung hat sich jedoch in den letzten Jahren zu verändern begonnen – zumindest innerhalb bestimmter Bereiche. Charakteristisch für diese neue Landschaft ist eine Argumentationslinie, die den Klimawandel als lösbare und gemeinsame moralische Herausforderung hervorhebt (Nisbet 2009: 21).

Hinsichtlich der kommunizierten Werte scheint der Wert der Nachhaltigkeit der zentrale zu sein (Carvalho/Burgess 2005: 1464-1465; Nisbet 2009: 20). Verantwortungsvolles Verhalten für die Umwelt mit Bezug zum Klimathema wird als nachhaltiges Verhalten dargestellt. Nachhaltigkeit betont die Wichtigkeit der zeitlichen Dimension und fordert Diskursteilnehmer auf, die Folgen gegenwärtiger Handlungen für zukünftige Generationen zu berücksichtigen.

Mit dem Wert der Nachhaltigkeit ist häufig der Wert der Verteilungsgerechtigkeit verknüpft und verflochten. Der Bezugspunkt sind in diesem Fall Nord-Süd-Konflikte, die verschiedenen Entwicklungspfade der Länder, ihr unterschiedlicher Beitrag zur globalen Erwärmung und folglich ihre unterschiedliche Verantwortung für und hinsichtlich der Effekte Klimawandels. Die Medien betonen die globalen Unterschiede zwischen Nationen und Regionen. Europäische Massenmedien tendieren sehr deutlich zu der Aussage, dass industrialisierten Ländern die Schuld für das Problem gegeben werden solle: Die Wirtschaft der nördlichen Hemisphäre sei Hauptverursacher des Problems und die entsprechenden Länder sollten daher Maßnahmen zu seiner Lösung ergreifen. Diese Argumentation bezieht sich häufig auf postkoloniale Studien (Olausson 2009). Jedoch impliziert nicht nur Industrialisierung mehr Emissionen, sondern größere Bevölkerungen bedeuten ebenfalls höhere Emissionsniveaus; bevölkerungsreiche Länder werden daher häufig als verantwortlich gesehen. Dies ist ein zentraler Punkt der Klimaberichterstattung in einigen führenden US-amerikanischen Medien (Nisbet 2009: 19).

Globale Risiken können potenziell die ganze Menschheit, gegenwärtige Gesellschaften und zukünftige Generationen betreffen. Jedoch haben die Medien im Laufe der Jahre hervorgehoben, dass bestimmte Gruppen und insbesondere die ärmeren Regionen der Welt besonders stark von durch den Klimawandel verursachten Naturkatastrophen betroffen sein könnten. Weil die Verantwortlichkeiten der Ursachen der Erderwärmung und die entsprechenden Risiken nicht zusammenfallen, wird die Frage, wer Maßnahmen zur Emissionsreduzierung anführen sollte zu einer ethischen. Dieser wertorientierte Diskurs stand seit der Identifikation der Klimafrage im Kern aller internationalen Bemühungen, mit dem Problem umzugehen. Dieses Thema war von Anfang an in der Debatte über eine Post-Kyoto-Vereinbarung von größter Bedeutung. Industrialisierte und Entwicklungsländer aber auch unterschiedliche Industriebereiche haben immer wieder ihren Willen bekundet, zur Emissionsreduzierung beizutragen; vorausgesetzt, dass diese Anstrengungen in gerechter Weise unternommen werden. Leider sind die Ansichten darüber, was „Gerechtigkeit" in diesem Kontext ausmacht sowie die Beurteilung von fairen und angemessenen Maßnahmen sehr verschieden voneinander. Mit dem Klimaabkommen von Paris ist es trotz dieser Unterschiede zu einer multilateralen Vereinbarung gekommen – zumindest bezüglich allgemeiner gemeinsamer Ziele.

Es ist deutlich, dass die durch die Medien verbreitete Ethik eine Ethik der Verantwortung ist (für den Fall des Klimawandels s. Bordat 2010; Dhanda/Hartmann 2011: 121-124). Spezifischer definiert diese Ethik gutes Verhalten als solches, das Handlungsfolgen berücksichtigt und evaluiert, ob eine Handlung mehr Gutes als Schlechtes für die Mehrheit nach sich zieht. Für den Fall des Klimawandels ist eine reine Erklärung guter Absichten also nicht ausreichend: es ist notwendig die Folgen von Handlungen zu berechnen, Lösungen zu beurteilen und die beste Option auszuwählen. Die durch die Massenmedien verwendete Ethik wird genutzt, um moralische Schuld zuzuschreiben, beispielsweise Politikern oder ganzen Industrien.

Die Ethik der Verantwortung leitet in den Massenmedien moralische Urteile und wird dabei selbst nicht reflektiert oder gar hinterfragt. Tatsächlich ist eine ethische Reflexion in den Massenmedien ein seltenes Ereignis mit der Folge, dass etwa die Schwierigkeiten, die mit der Ermittlung von Ursachen und der Evaluation von Folgen zusammenhängen, unterschätzt werden. Besonders für ein Problem wie den Klimawandel – ein globales Problem, das durch die Einwirkung etlicher Variablen gekennzeichnet ist und für das sogar die Wissenschaft nicht in der Lage ist, präzise Beschreibungen zu liefern – ist es nahezu unmöglich, derartige Berechnungen anzustellen und klare Handlungsempfehlungen daraus zu ziehen. In der Konsequenz ist eine Ethik der Verantwortung gerade in diesem Fall besonders schwierig.

Die beschriebene, auf die Ethik der Verantwortung ausgerichtete Rahmung ist hochgradig kompatibel mit den Eigendynamiken der Medien. Die Berichterstattung von Situationen, in denen Akteure von etablierten Normen und Werten abweichen, bedeutet die mögliche Aufdeckung eines sozialen Konflikts. Zusätzlich können Berichte über schädigende Folgen von unverantwortlichem Verhalten zur Dramatisierung des Themas führen (Boykoff/Boykoff 2007). Sowohl Konflikt als auch Drama haben zentralen Nutzen für die Berichterstattung, denn sie gehören zu den massenmedialen Kriterien, die helfen, Nachrichten auszuwählen und zu präsentieren (Galtung/Ruge 1965; Luhmann 2006: 58-72; Schulz 2002). Indem Medien Schuldige hervorheben und die Konsequenzen ihres Verhaltens für unschuldige Menschen aufzeigen, setzen sie Gefühle der Solidarität frei und erreichen öffentliche Aufmerksamkeit.

Zusammenfassend: Der Diskurs über den Klimawandel erhebt die Verantwortungsübernahme zum möglichen Schlüssel für die Bewältigung des Klimaproblems. Verantwortungsvoll ist dabei dasjenige Handeln, das nachhaltig und gerecht ist. Die darunterliegende Botschaft ist, dass kollektives verantwortungs-volles Handeln die Umweltprobleme lösen kann. Gleichzeitig heben die Massenmedien hervor, dass Akteure wie Unternehmen oder Politiker sich leider häufig nicht in der gewünschten Art und Weise verhalten. Dadurch stellen die Massenmedien eine skeptische Perspektive bezüglich der konkreten Lösungsanstrengungen in den Vordergrund. Dabei werden nicht die Werte der Verantwortung, der Nachhaltigkeit oder der Gerechtigkeit selbst in Frage gestellt; lediglich das Unvermögen der Anwendung dieser Werte aufgrund von egoistischen Interessen ist Gegenstand massiver Kritik.

3.5 Innerhalb von Organisationen: Moral, Ethik, Werte und Entscheidungsfindung

Unternehmen sind mit verschiedenen externen Diskursen über den Klimawandel konfrontiert. Tatsächlich ist der Klimawandel ein Thema für jedes Funktionssystem: die Wissenschaft debattiert über steigende Temperaturen und ihre Auswirkungen; politische Strategien gegen die Erderwärmung sind in Anwendung (Vorschriften, Reduktionsziele, Anreize usw.) und die Massenmedien haben ihren eigenen Diskurs zum Thema entwickelt. Wir betrachten auch wirtschaftliche Dynamiken als Teil der Umwelt von Unternehmen. Auf dieser Ebene kann das Thema Klimawandel neue wirtschaftliche Möglichkeiten eröffnen (z.B. aufgrund des Aufkommens neuer Technologiemärkte), während andere Optionen heruntergefahren werden (z.B. aufgrund der Entwicklung des Gaspreises). Bei der Behandlung des Problems Klimawandel beobachten Funktionssysteme einander, aber ihre Beobachtungen beginnen mit den Massenmedien, die einen allgemeinen Informationsstand für die Gesellschaft zur Verfügung stellen. Obwohl die Massenmedien nicht in der Lage sind, andere Systeme zu kollektiven, übereinstimmenden Handlungen zu zwingen, definieren sie nichtsdestotrotz ein allgemeines Hintergrundwissen.

In ihren Entscheidungsprozessen nehmen Unternehmen auf unterschiedliche Logiken ihrer Umwelt Bezug. Ihre primäre Referenz sind zwar ökonomische Kriterien, diese können den Ausgang der Entscheidungsfindung aber nicht vollständig festlegen. Kein Markt kann eine klare und stabile Orientierung für ein Unternehmen bereitstellen. Besonders in Fällen hoher Unsicherheit können Berechnungen wirtschaftlicher Rentabilität nicht als ausreichende Basis für Entscheidungen herangezogen werden. Um Komplexität zu reduzieren, verwenden Organisationen in ihren Entscheidungsprozessen zusätzlich nicht-ökonomische Kriterien (March/Simon 1993; Weick 1995). Diese sind als alleinige Determinanten zwar wiederum unzulänglich, reduzieren Komplexität aber weiter. Als zusätzliche Kriterien können Organisationen etwa Werte, Moral und Ethik einbeziehen (Joyner/Payne 2002). Im Falle des Klimawandels stoßen Organisationen auf Moral und Ethik als Formen, die in verschiedenen Funktionssystemen ihrer Umwelt, und insbesondere in den Massenmedien, bearbeitet wurden.

In Hinsicht auf Organisationen erlaubt uns unser theoretischer Rahmen zu antizipieren, dass sie Moral häufig in ihre Entscheidungsfindungsprozesse einfügen, indem sie auf durch Funktionssysteme und besonders durch Massenmedien verbreitete gesellschaftliche moralische Rahmungen Bezug nehmen. Sie importieren externe Werte jedoch nicht ungebrochen sondern respezifizieren sie in Übereinstimmung mit ihren Strukturen und Bedürfnissen. Im Folgenden beschreiben wir vier Ausführungsarten, wie Unternehmen Moral in ihre Entscheidungsprozesse einführen können. Wir fokussieren in unserer Beschreibung auf freiwillige Maßnahmen, da in diesen Fällen besonderer Druck von Seiten der öffentlichen Diskussion in den Massenmedien erwartet werden kann (Dawkins/Fraas 2011: 303-304; Schultz/Wehmeier 2010). Wir beobachten auf der einen Seite, dass Organisationen Moral wie in den Medien gerahmt spiegeln und dass spezifische organisationale Transformationen auf der anderen Seite immer vorkommen:

1. Unternehmen führen formale ethische Strukturen wie Verhaltenskodizes ein. Verhaltenskodizes wandeln die Ethik- und Wertesets aus den medialen Debatten: Unternehmen erklären, dass sie Verantwortung in Bezug auf unterschiedliche gesellschaftliche Themen annehmen können, dies reicht von Menschenrechten über Transparenz bis hin zur Vermeidung von Diskriminierung. Wenn der Schwerpunkt auf die Umwelt gelegt wird, ist der Wert der Nachhaltigkeit zentral.

Verhaltenskodizes übersetzen in den Medien formulierte moralische Ansprüche und transformieren sie in geschäftsleitende Instrumente. Verhaltenskodizes sind Strukturen, die eine schriftliche Darstellung der Werte einer Organisation zur Verfügung stellen und, nach eigener Aussage, für ihre Mitglieder verbindliche Normen festschreiben. Verletzungen können Grund für Sanktionen sein. Der Gebrauch solcher Kodizes ist in den letzten Jahren gestiegen, besonders in multinationalen Unternehmen und Firmen mit großer Sichtbarkeit (Dawkins/Fraas 2011; Somers 2001; Shanahan/ Khagram 2006). Verhaltenskodizes sind wichtige Instrumente der Corporate Social Responsibility (CSR). Wie andere in heutigen organisationalen Praktiken genutzte Instrumente (etwa Instrumente der Strategieplanung oder das Rechnungswesen) sind sie gut passend zu Unternehmen, da sie letztendlich manageriale Instrumente sind. Ihre Ähnlichkeit mit existierenden Strukturen erleichtert die Einführung von Moral und Werten in Firmen. Außerdem sind diese Instrumente im Vergleich zu Gesetzen flexibler und garantieren Unternehmen größere Handlungsspielräume in ihren Entscheidungen.

In Prozessen der Entscheidungsfindung soll das Vorhandensein dieser Kodizes moralische Urteile auf Basis der in ihnen befindlichen Werte befördern. Kritische Beobachter würden jedoch anmerken, dass Kodizes lediglich Absichtserklärungen sind. Für den aufmerksamen Beobachter ist klar, dass es zahlreiche Situationen und Gelegenheiten der Entkopplung aufgrund der in solchen Kodizes angelegten Abstraktionen gibt. Obwohl das Thema der Unternehmensverantwortung eine wichtige Rolle für viele große Unternehmen spielt, implementieren nur wenige von ihnen ethische Kodizes in ihre Strukturen (Helin/Sandström 2010; Nijhof et al. 2003; Schwarz/Groß 2010: 11-12).

Ähnliche Überlegungen resultieren aus der Analyse anderer formaler Instrumente der CSR. So haben beispielsweise eine Reihe von Forschern beobachtet, dass etliche Firmen Nachhaltigkeitsberichte anfertigen, um klima- und andere umweltbezogene Themen zu adressieren. Entkopplung wurde ebenfalls in Hinsicht auf diese organisationalen Praktiken erkannt: Berichtete Aktivitäten können die Zielformulierung und eine Bewertung von Verbesserungen umfassen; dennoch schrecken Organisationen häufig davor zurück, exakte Daten bereitzustellen und ziehen sich stattdessen auf die Formulierung qualitativer Aussagen zurück. In vielen Fällen sind Emissionsberichte auf formale Bilanzierungen beschränkt. Statt als Ausgangspunkt für die tatsächliche Bewertung von Fortschritten zu dienen, sind Berichte letztlich bloße Bestandsaufnahmen managerialer Absichten und Bemühungen (Laufer 2003; Levy/Kaplan 2008; Pattberg/Stripple 2008).

2. Um sich dem Klimathema anzunehmen, übernehmen manche Unternehmen interaktivere, dialogbasierte Strategien (Schultz/Wehmeier 2010: 18-19). Dieses Vorgehen umfasst verschiedene Formen des Austausches mit Stakeholdern. Eine zentrale Aktivität ist die Teilnahme an nationalen und internationalen Plattformen und Netzwerken, die das explizite Ziel haben, Mechanismen zu entwickeln, die dem Klimawandel begegnen und eine nachhaltige Wirtschaft aufbauen können. Indem sie dies tun, entwerfen Industrieakteure neue Formen von Governance mit (Levy/Kaplan 2008; Eberlein/Matten, 2009). Dies ist entscheidend für Firmen, die in Bereichen operieren, wo die Kooperation zwischen verschiedenen Akteuren sowie politische Regulierungen hochgradig wichtige Voraussetzungen ökonomischer Tätigkeiten sind (z.B. im Energiesektor) (Pinske/Kolk 2010).

Diese Maßnahmen spielen sowohl auf internationaler Ebene eine Rolle, da keine internationale politische Organisation einseitig Umweltfragen global regulieren kann, als auch auf nationaler Ebene besonders für die Länder, die auf strikte Regulierung verzichten und freiwillige Maßnahmen des Privatbereichs bestärken wollen. Durch die Teilnahme an Ethik- und Nachhaltigkeitsnetzwerken oder politisch bzw. industriell organisierten Klimaschutzprogrammen zeigen Unternehmen, dass sie Moral, wie sie durch andere Systeme geformt wird, zur Kenntnis nehmen. Gleichzeitig trägt ihre Teilnahme auch zur weiteren Umformung bei mit der Folge, dass andere Systeme wiederum mit industriellen Erwartungen konfrontiert werden. Im Kontext dieser Plattformen werden Konferenzen, Debatten und Bildungsprogramme usw. organisiert. Sie können als Arenen betrachtet werden, in denen Diskussionen über Werte und die Bedeutung ihrer potenziellen Umsetzung stattfinden. Daher sind diese Netzwerke zumindest in gewissem Maß Orte der ethischen Reflexion. Es lässt sich für die vergangene Dekade sowohl eine deutliche Ausbreitung als auch eine Zunahme der Teilnahme in derartigen Initiativen beobachten. Das trifft nicht nur auf die wichtigste Initiative dieser Art, dem UN Global Compact, zu; es haben sich in verschiedenen Ländern und in unterschiedlichen Branchen und Feldern etliche Ethiknetzwerke gebildet (s. z.B. Shanahan/Khagram, 2006).

Aus einem skeptischen Blickwinkel können derartige Initiativen als Gelegenheit für Organisationen bewertet werden, Moral und ethische Reflexionen außerhalb ihrer Grenzen anzusiedeln. Wenn Unternehmen ihr Engagement nach außen hin stark sichtbar machen, indem sie ethische Reflexion in externe Plätze verlagern, können sie gleichzeitig eine ernsthafte Berücksichtigung von Moral in den internen Entscheidungsprozessen vermeiden. Ein Symptom dieses Typs von Entkopplung ist die empirische Beobachtung, dass für viele einer der besten Effekte dieser Initiativen sei, dass diese Kontakte mit neuen Geschäftspartnern befördern. Die meisten Unternehmen aus Entwicklungsländern nennen dies etwa als einen wichtigen Grund für ihre Teilnahme am Global Compact (Cetindamar/Husoy 2007: 165). Ein anderer, gewichtigerer Umstand der Entkopplung liegt darin begründet, dass Firmen in diesen Arenen an der Definition von Werten beteiligt sind. Unternehmen nehmen Werte nicht einfach passiv an oder führen Werte ihrer Umwelt einfach so ein; vielmehr werden Werte im Einklang mit den internen Logiken revidiert. In manchen Fällen werden Werte so ihrer ursprünglichen Bedeutung entleert (für den Fall von Beschwerdeverfahren s. Edelman et al. 1999). So kann beispielsweise die Übersetzung von Nachhaltigkeit in Energieeffizienz die Suche nach einer Win-win-Lösung unterstützen und zu wichtigen Erfolgen für Emissionsreduzierung führen. Diese Herangehensweise kann jedoch weitere, radikalere Optionen zurückdrängen, die möglicherweise kurzfristige Verluste für ein Unternehmen bedeuten würden, aber zu langfristigerer Effektivität führen würden.

3. Unternehmen initiieren auch konkrete, mit dem Klimathema verbundene Projekte und rechtfertigen diese durch den Bezug auf Werte wie Nachhaltigkeit und Gerechtigkeit (Hoffman 2005; Kolk/ Levy 2001: 505; Pinske/Kolk 2010). Diese Strategie wurde durch die projektbasierten Kyoto-Mechanismen, den Clean-Development-ment-Mechanismus (CDM) und die Joint Implementation (JI) gestärkt und stellt die zentrale Säule für Klimapolitik in unterschiedlichen Ländern dar. Es gibt sowohl Projekte, die auf den Transfer von Niedrigemissions-Technologien in Entwicklungsländer ausgerichtet sind (für eine kritische Betrachtung derartiger Projekte siehe Dhanda/Hartmann 2011) als auch Forschungs- und Entwicklungsprojekte

sowie beispielsweise Bildungsprogramme für Schulen. Zusätzlich kann zwischen Kompensationsprojekten (z.b. CO2-Handel; Offsetting-Projekten), Reduktionsprojekten (ausgerichtet auf die Steigerung der Energieeffizienz) und Substitutionsprojekten (z.b. im Feld der erneuerbaren Energie) unterschieden werden (Hoffman et al. 2008).

Die Auswahl der spezifischen Projekte hängt von den gegebenen organisationalen Strukturen ab. In Hinblick auf Innovationsprojekte wurde beobachtet, dass ihre Selektion größtenteils von den in einem Unternehmen vorhandenen Technologien und Kernkompetenzen abhängt (Kolk/Levy 2001: 505; Pinske/Kolk 2010). Die Entscheidung, auf die Entwicklung komplett neuer Technologien ausgerichtete Projekte aufzunehmen oder vielmehr solche fortzusetzen, die die bereits existierenden Technologien durch gesteigerte Energieeffizienz weiter verwerten, hängt häufig von den verfügbaren Infrastrukturen ab. Unternehmen mit einer kostenintensiven Infrastruktur sind beispielsweise eher geneigt, in Effizienzsteigerung zu investieren (Pinske/Kolk 2010: 264-266). Die meisten großen Unternehmen entscheiden sich für eine gemischte Strategie (Weinhofer/Hoffmann 2010): Statt ein einziges Ziel zu verfolgen und ihre Ressourcen zu bündeln bevorzugen sie, ein Portfolio von diversen Projekten mit unterschiedlichen Zielen bereit zu halten.

Während diese Strategien einerseits zum Wandel der basalen Organisationsstrukturen beitragen können, bieten sie auch Gelegenheiten zur Entkopplung. Projekte sind Tätigkeiten, die in einer begrenzten Zeitspanne stattfinden und nicht unbedingt mit anderen organisationalen Tätigkeiten verbunden sein müssen. In der Folge können in Projekten Experimente mit verschiedenen Technologien und Prototypen durchgeführt werden ohne, dass eine aktive Verpflichtung zur Übernahme der Ergebnisse etwa in die Produktionsprozesse eingegangen werden müsste. Dies kann beispielsweise bei den Strategien von Energieversorgungsunternehmen beobachtet werden, die häufig Spezialeinheiten einrichten, um sich mit dem Klimathema allgemein auseinanderzusetzen oder lose gekoppelte Einheiten gründen, um neue Produktionsmöglichkeiten von spezifischen Technologien etwa im Bereich erneuerbarer Energien auszuloten (Hoffmann et al. 2008). Diese Initiativen bleiben jedoch getrennt von den Kernaktivitäten des Unternehmens.

4. Moral und Ethik können auch als implizite kulturelle Werte innerhalb einer Organisation zirkulieren. Von manchen Autoren wird dies als der wahre Kern von Moral in modernen Organisationen gesehen (Clegg et al. 2007; Poulton 2005). In diesem Fall gibt es keine formalen Definitionen der Verhaltensvorschriften, man kann jedoch beobachten, dass Moral in die Entscheidungsprozesse als informeller Faktor einfließt und Entscheidungen in Bereichen wie Marketing und PR sowie bei Einstellungen oder Investitionen formt.

Werte oder moralische Kommunikation können sogar die Motivation für Firmengründungen sein. Für Unternehmen, die beispielsweise Dienstleistungen und Beratungen zu Umweltfragen anbieten, ist der ursprüngliche Bezug zu umweltbezogenen Werten entscheidend (Guggenheim 2005: 59-78). Auch haben viele der zahlreichen mit der Entwicklung relativ kleiner Technologien beschäftigten Firmen im Feld der erneuerbaren Energien ihre Wurzeln in der hochgradig moralisierten grünen Bewegung (Mautz et al. 2008: 33-47). In beiden Fällen spielen Unternehmensgründer, häufig Personen mit sowohl technischer Expertise als auch hoher moralischer Motivation, eine wichtige Rolle. Als Mitglieder grüner Gruppen sind diese Individuen häufig hoch angesehen und in der Lage, Projekte anzuregen und zugleich zu versichern, dass die Ausrichtung bestimmter Ziele erstrebenswert ist. In diesem Fall gibt es eine starke Allianz mit den Massenmedien. Die Medien haben in der Verbreitung grüner Werte wie Nachhaltigkeit in den letzten Dekaden eine zentrale Rolle gespielt. Sie liefern nicht nur eine breite Berichterstattung über Skandale und durch die Industrie verursachte Umweltkatastrophen, sondern hat grünen Gruppierungen und NGOs auch zunehmend eine Stimme gegeben (Carpenter 2001).

Ein weiterer informeller Kanal, durch den Werte in Firmen einziehen können, ist durch bestimmte Organisationsmitglieder: die Fachleute. Aufgrund von Unterschieden in ihrer Ausbildung zeigen Personen aus verschiedenen Professionen unterschiedliche Einstellungen zu Werten. Die eingeführten Wertesysteme innerhalb der Unternehmen hängen demzufolge auch davon ab, welche Professionen ein Unternehmen umfasst. Das bedeutet, dass sich unterschiedliche Diskurse und Werte innerhalb eines einzigen Unternehmens finden lassen. Nicht überraschend, aber für die hier behandelte Thematik dennoch relevant, wurde beispielsweise beobachtet, dass Energiemanager energiebezogenen Angelegenheiten mehr Aufmerksamkeit schenken als ihre entsprechenden Kollegen im Finanzmanagement (Coremanns 2008).

3.6 Diskussion

Wie lässt sich die Verbreitung moralischer Kommunikation in Organisationen interpretieren? Wie wir in der Einführung erklärt haben, erlaubt uns unser Ansatz, beide Enden des Spektrums in Betracht zu ziehen: Fälle, in denen Unternehmen eifrig versuchen, Moral zu vermeiden sowie solche, in denen Moral freudig aufgenommen wird.

Basierend auf unseren Überlegungen zur Entkopplung weisen wir die These zurück, dass Moral ein einfaches Mittel zur Verbesserung der Welt um uns herum bereitstellt. Da Moral in formale Strukturen eingeführt aber zugleich auf Ebene der Kernentscheidungen vernachlässigt werden kann, können wir die

Behauptung, dass Moral zu konkreten Handlungen mit starkem Problemlösungs-fokus führen würde, nicht unterstützen.

Interpretationen, die Moral und Ethik als ausschließlich rhetorische Mittel betrachten, weisen wir aber ebenso zurück. Aus dieser Perspektive klinken sich Unternehmen als Opportunisten in öffentliche Diskurse ein, um ihre primär öko-nomischen Ziele zu erreichen. Faktisch gibt es ausreichende Hinweise, die diese Interpretation unterstützen: dieselben Unternehmen, die an Nachhaltigkeitsnetz-werken teilnehmen, setzen sich gegen klimawandelaufhaltende politische An-strengungen ein (Levy/Rothenberg 2002). Verhaltenskodizes sind in der Praxis nicht mehr als leere Absichtserklärungen, die keine spezifischen Hinweise für Handlungen bereitstellen (Schwarz/Groß 2010: 10-12) und die Berichterstat-tungsaktivitäten signalisieren zwar Engagement, vermeiden aber konkrete Ver-pflichtungen (Laufer 2003; Pattberg/Stripple, 2008). Trotz dieser Hinweise kann eine Betrachtung von Moral als ausschließlich oberflächliche Kommunikation nicht aufrechterhalten werden. Moral kann in einigen Fällen tatsächlich in den Kern der Organisationen eindringen: Ethik-Plattformen können nützlich sein für das Training des Personals; Verhaltenskodizes setzen Maßstäbe für neue Ausei-nandersetzungen mit NGOs; neue Technologien können aus peripheren Projek-ten aufkommen und so einen Vorrat technischer Möglichkeiten bilden usw. CSR-Maßnahmen können positive Effekte haben, da sie Investoren, Firmen und Manager anregen, gesellschaftliche Probleme zu lösen (Devinney 2009: 49).

Empirische Beobachtungen von Entscheidungsprozessen zeigen eine Viel-zahl unterschiedlicher Transformationen von Moral. Wegen der abstrakten Natur von moderner Moral sind verschiedene Dynamiken der Operationalisierung moralischer Interpretationen im Spiel[32]. Fokussiert man besonders auf Firmen, so lässt sich beobachten, dass sie diese Werte in etwas transformieren, mit dem sie umgehen können. Diese Transformation findet, wie wir gesehen haben, in forma-len Strukturen und/oder in informellen Prozessen statt. In einigen Fällen erfahren Firmen den ethischen Diskurs als Bedrohung, der entgegen ihrer ökonomischen Logik verfährt. In anderen Fällen sehen sie Chancen und betrachten den Diskurs als etwas, innerhalb dessen sie umweltbezogene Praktiken und Win-win-Lösungen zeitigen können (Levy/Rothenberg, 2002: 177).

Unser theoretischer Rahmen führt uns zu der Annahme, dass die internen Charakteristiken von Organisationen als initialer Referenzpunkt für die Erklä-rung ihrer heterogenen Strategien gesehen werden kann. Empirische Studien

---

32   Während die Systemtheorie etablierte Instrumente für die Analyse von Funktionssystemen, Organisationen und Interaktionen anbietet, gab es bislang nur wenige Anstrengungen, Konzep-te zur Beschreibung von Netzwerken und Feldern einzuführen (Hasse/Krücken 2005). Solche Konzepte wären für die Erklärungen der Respezifikation von Moral und Ethik von größter Be-deutung.

haben gezeigt, dass in diesem Zusammenhang verschiedene Faktoren relevant sein können: nicht nur die Position eines Unternehmens innerhalb der Wertschöpfungskette und die Verfügbarkeit von Technologien sondern auch Visionen, vergangene Strategien, Erfolge und Misserfolge scheinen einschlägig zu sein (Coremanns 2008; Hoffmann et al. 2008; Kolk/Levy 2001; Pinske/Kolk 2010). Insbesondere die Konzeptualisierung von Organisationen als autonome Entscheidungssysteme bietet ein Modell zur systematischen Analyse des Umgangs mit Moral in Organisationen an. Was wir als Stärke unseres Zugangs ansehen ist die Idee, dass Moral nur ausgehend von den eigenen Strukturen und Dynamiken eines Systems aus eingeführt werden kann. Nimmt man Organisationen als Entscheidungssysteme, kann Moral nur insofern eingeführt werden, als sie zum Prozess der Entscheidungsfindung beiträgt. Infolgedessen kommt dann die Frage auf, wie Organisationen Moral nutzen, um Entscheidungen zu treffen, in anderen Worten, um ihre eigenen Komplexitätsprobleme zu bewältigen. Wir argumentieren, dass Moral in verschiedenen Arten und Weisen einen Beitrag zur Entscheidungsfindung leisten kann und liefern dafür zwei prägnante Beispiele, um unsere Aussage zu stützen:

1. Moral kann Organisationen im Angesicht ihrer Umwelten legitimieren. Unternehmen werden zu Subjekten grundsätzlicher Achtung, indem sie sich auf Moral und Werte beziehen. Sie bekommen Zugang zu Ressourcen ihrer Umwelt und steigern die Wahrscheinlichkeit für Unterstützung durch Stakeholder – eine Perspektive, die sich gut in die generelle Argumentationslinie des Neoinstitutionalismus einfügt (Meyer and Rowan, 1992 [1977]). Außerdem können Organisationen Werte intern nutzbar machen, um Konsens zu befördern oder ihre Mitglieder zu motivieren. Beide Nutzungsweisen ermöglichen Entscheidungen, da Werte Gemeinsamkeiten betonen und dadurch in Anbetracht organisationaler Kontingenz und Unsicherheit einen kollektiven Bezugspunkt darstellen. Es ist möglich, sich in der Kommunikation auf Werte als unhinterfragbare Ebene zu beziehen, d.h. eine, die einen Deckel auf die unendliche Komplexität der modernen Welt legt (Luhmann 1997: 799). In einigen Fällen ist es ausreichend, eine moralische Fassade zu zeigen, die beispielsweise auf formal ethischen Strukturen basiert; in anderen Fällen können anhaltende Skandale oder Aktionen von NGOs die Einführung von Moral in Strukturen, Strategien und Kernentscheidungen anregen. Abhängig von Faktoren wie ihrer Nähe zu Politik, Marketinganforderungen oder Innovativität benötigen unterschiedliche Organisationen verschiedene Grade von Legitimität.

2. Moral kann zu Entscheidungsprozessen in verschiedener Weise beitragen. Einige Autoren betonen, moralische Kommunikation funktioniere als heuristisches Hilfsmittel (Homann/Blome-Drees 1992: 142) und befördere Innovation, etwa

durch die Unterstützung von Investitionen in die Entwicklung von sauberen Technologien. Moral kann überholte organisationale Routinen in Frage stellen und so den einige Organisationen kennzeichnenden konservativen Tendenzen begegnen. Das innovative Potenzial von Moral ist hoch, berücksichtigt man den Umstand, dass diese Art der Kommunikation unsere Aufmerksamkeit auf Pathologien, Unzulänglichkeiten und Mängel lenkt. In den Worten Luhmanns ist Moral ein „device for an enduring self-irritation of the society" (Luhmann 1993b: 779) und ihrer Organisationen. Unternehmen haben die Kapazitäten, sich auf gesellschaftliche Moral zu beziehen und sie in unterschiedlicher Weise zu transformieren. In einigen Fällen ist Moral nur eine Fassade, während sie in anderen großen Einfluss auf Kernaktivitäten nehmen kann. Sicherlich ist auch in diesem zweiten Fall keine Garantie gegeben, dass die Handlungen der Unternehmen auch zur Lösung gesellschaftlicher Probleme beitragen. Sogar diejenigen Aktivitäten, die auf nachhaltige Entwicklung fokussieren können zu unintendierten Nebenfolgen führen (für einen Überblick zu den Nebenfolgen der Moral siehe Trenbrunsel/Smith-Crowe 2008: 565-579). Werte und gute Absichten bleiben ungenügend, wenn es darum geht, in unserer komplexen Welt Ordnung zu schaffen: Unterschiedliche Logiken interagieren immer wieder miteinander und können ihre beabsichtigten Wirkungen minimieren sowie ungewollte Folgen frei setzen.

3.7 Schluss

Während gängige Interpretationen der Rolle von Moral im Rahmen des Klimawandels zwischen Hoffnung und Skepsis oszillieren, betonen wir, dass Moral in unserer Gesellschaft immer durch die Dynamiken verschiedener Systeme vermittelt ist, die sich auf sie nur gemäß ihrer eigenen Strukturen und Bedürfnisse beziehen. Daher kann eine umfassende Beschreibung der Rolle von Moral und Ethik im Kontext des Klimawandels nur durch eine Analyse der Arten erreicht werden, wie Funktionssysteme wie Politik, Wissenschaft und Medien ihre Kommunikationen moralisieren. Während Unterschiede in erster Linie Unterschiede zwischen Systemen sind, kann eine große Bandbreite an Transformationen auch innerhalb eines einzigen Systems beobachtet werden. Z.B. sind nationale Unterschiede hinsichtlich gesetzlicher Regulierungen oder in Anbetracht dessen, was die öffentliche Meinung konstituiert, sehr stark (Kolk/Levy 2001: 502-505). In diesem Kontext ist es fruchtbar, nicht nur zu beobachten, wie verschiedene soziale Systeme in jeweils spezifischer Art und Weise Ethiken, Werte und Moralen in ihren Operationen verwandeln sondern auch, wie und durch welche Mittel diese Systeme reziprok verschiedene Modi des Umgangs mit ethischen Fragen beobachten.

Weiterhin finden diese Transformationen nicht nur auf der Ebene der Funktionssysteme statt. Es soll berücksichtig werden, dass unterschiedliche Organisationen, d.h. Unternehmen, Forschungsinstitute und politische Parteien sowie NGOs und internationale Organisationen Moral bei ihrer Einführung in ihre Entscheidungsprozesse transformieren und respezifizieren. Der vorliegende Beitrag analysiert einige spezifische, den Medien entstammende Formen der Respezifikation von Moral in Unternehmen. Weitere Untersuchungen sind nötig, um die vielfältigen Respezifikationen von Moral durch Organisationen erfassen zu können.

Ausgehend von der Erkenntnis, dass Moral wichtige Funktionen hat, aber auch Risiken beinhaltet, schlägt Niklas Luhmann eine neue Aufgabe für Ethik vor: Während ihre frühere Funktion darin lag, rationale Rechtfertigungen für Moral zur Verfügung zu stellen, sollte Ethik zukünftig vor übertriebener Moralisierung warnen. Für Ethik bedeutet dies die Infragestellung der weit verbreiteten Annahme, dass Moral immer gut sei und eine Entwicklung von Kriterien, um in verschiedenen Situationen unterscheiden zu können, wann moralische Kommunikation vorteilhaft oder unter welchen Bedingungen sie hingegen riskant sein kann (etwa in bestimmten Unternehmen). Ethik sollte ein Licht auf die Paradoxien und Nebeneffekte moralisierter Probleme werfen und dabei helfen festzustellen, ob Moralisierung eine angemessene Option ist. Um die Angemessenheit der Moral beurteilen zu können, muss diese Form der ethischen Reflexion die Funktionsweise kommunikativer Dynamiken kennen und könnte aus diesem Grund von soziologischen Forschungen profitieren, die untersuchen, wie verschiedene soziale Logiken operieren, sich auf Moral beziehen und sie transformieren. Diese fortlaufenden Transformationen zu analysieren könnte sowohl positive Effekte wie auch Risiken für unterschiedliche Akteure auf unterschiedlichen Ebenen offenlegen.

4 Heterogenität in der Weltgesellschaft: Wie Organisationen mit widersprüchlichen Logiken umgehen

Cristina Besio und Uli Meyer[33]

4.1 Einleitung

Die Entwicklung der Weltgesellschaft zeigt einen Zuwachs von Homogenität und Heterogenität zugleich. Max Weber erfasst diesen Umstand in seiner Beschreibung der Moderne als Prozess der Rationalisierung. Die Resultate dieses Prozesses beobachtend beschreibt Weber, dass Rationalität in verschiedenen sozialen Sphären unterschiedliche Formen annimmt. Ökonomie, Politik und Wissenschaft sind durch unterschiedliche Werte und hochgradig spezialisierte Handlungsformen charakterisiert:

> „Nun kann unter [Rationalisierung] höchst Verschiedenes verstanden wer-den. Es gibt z.B. ,Rationalisierungen' der mystischen Kontemplation [...], ganz ebenso gut wie Rationalisierungen der Wirtschaft, der Technik, des wissenschaft-lichen Arbeitens, der Erziehung, des Krieges, der Rechtspflege und Verwaltung." (Weber 1965 [1920]: 20)

Wenn dies der Fall ist, ist es für eine Analyse von Weltgesellschaft sehr relevant, die spezifischen Beziehungen zwischen diesen verschiedenen Formen der Rationalität – oder Logiken – zu verstehen (Münch 1980). Doch obwohl die Frage der Beziehung zwischen verschiedenen Logiken, die eine Konsequenz der gesteigerten Heterogenität ist, in den Theorien zur Weltgesellschaft eine Rolle spielt, hat sie noch nicht die gebotene Aufmerksamkeit erhalten.

In diesem Beitrag fokussieren wir den Zuwachs an Heterogenität als Folge der Diffusion verschiedener Rationalitäten – oder, wie wir sie nennen, verschiedener Logiken. Wir zeigen, dass dieser Zuwachs von Heterogenität nicht zwingend zu Konflikten und Kollisionen führt. Statt nach einer umfassenden, dauerhaften Ordnung als Erklärung für Stabilität zu suchen behaupten wir, dass die moderne Gesellschaft heterogene Logiken durch die Entwicklung fragmentierter und vo-

---

33 Dieser Text ist eine revidierte Fassung des Artikels „Heterogeneity in world society. How orga-nizations handle contradicting logics", erschienen in: Boris Holzer/Fatima Kastner/Tobias Werron (Hrsg.) (2015). From Globalization to World Society. Neo-Institutional and Systems-Theoretical Perspectives. London/New York: Routledge, 237-257 (verfasst mit Uli Meyer). Aus dem Englischen übersetzt von Jule Lorenzen.

rübergehender Ordnungen vermitteln kann. Wir beschreiben formale Organisationen als eine solche Ordnung. Wir zeigen, dass Organisationen nicht nur gut ausgestattet sind, um mit verschiedenen Logiken umzugehen, sondern dass sie auch in der Lage sind, diese produktiv für ihre eigenen Ziele einzusetzen. Und indem sie dies tun, wirken Organisationen wiederum auf die Vermittlung unterschiedlicher Logiken auf einer übergeordneten Ebene ein. Obgleich diese Annahme für alle Organisationen gilt, fokussieren wir in diesem Artikel gesondert Non-Profit-Organisationen (NPOs). Von diesem Organisationstyp wird Engagement in Aktivitäten erwartet, die für verschiedene soziale Akteure bedeutsam sind und die daher systematisch zwischen einer Vielzahl von Sektoren angesiedelt sind. Es ist somit eine ständige Herausforderung für NPOs, einen Zusammenprall verschiedener Logiken zu vermeiden. NPOs, die auf der globalen Ebene agieren, sind zudem mit großer Heterogenität konfrontiert, da ihre Handlungen hier nicht mehr in einen klar definierten politischen oder kulturellen Kontext eingebettet sind.

Die Existenz verschiedener Logiken innerhalb von NPOs wird oft als Problem diskutiert. Professionalisierung sowie ihre eigenen ökonomischen oder politischen Aktivitäten werden oft als Gefährdung für den Status von NPOs beschrieben (Grunow 1995; Weisbrod 1998; Frumkin 2002; Galaskiewicz/Colman 2006; Hwang/Powell 2009). Wir nähern uns diesem Phänomen auf andere Weise. Wir nutzen NPOs als Beispiel um zu zeigen, wie Organisationen von heterogenen Logiken profitieren können. Wir stellen die Schwierigkeiten dabei nicht in Abrede, die durch Heterogenität entstehen können, aber wir wollen hervorheben, dass Organisationen oft gut ausgestattet sind, um effektive Lösungen zu finden, mit denen sie Heterogenität nicht nur begegnen, sondern sogar zu ihrem Vorteil nutzbar machen können.

Wir veranschaulichen unsere Argumente durch zwei Beispiele von NPOs, die im Bereich der Entwicklungshilfe arbeiten: Oxfam und Endeavor[34]. Beide Organisationen müssen mit unterschiedlichen Logiken der ökonomischen und politischen Zuverlässigkeit sowie mit einer Vielfalt von moralischen Werten umgehen.

Auf theoretischer Ebene nutzen wir Konzepte des organisationalen Institutionalismus und der Systemtheorie. Wir verbinden diese zwei Perspektiven[35] um den simultanen Zuwachs von Homogenität und Heterogenität in der Moderne zu konzeptualisieren. Hierzu nehmen wir die neoinstitutionalistische Idee einer rapide zunehmenden globalen Kultur (Meyer et al. 1997a) sowie die systemtheo-

---

34   Auf Organisationen wie Oxfam oder Endeavor wird oft auch als Nichtregierungsorganisation (NGO) Bezug genommen. Die Bestimmung von NGOs stammt von politisch orientierten Analysen ab und zielt darauf, NGOs von politischen Organisationen zu unterscheiden. Indem wir uns auf das Konzept von NPOs beziehen betonen wir hingegen, einer etablierten Tradition in der Organisationssoziologie folgend, die Unterschiede zwischen diesen und ökonomischen Organisationen (Powell/Steinberg 2006).

35   Ein ähnlicher Zugang wird von Hasse/Krücken (2008) gewählt.

retische Idee der Herausbildung von Funktionssystemen in Anspruch (e.g. Luhmann 1975; 1997: 145-171; Stichweh 2006). Durch die Integration der zwei Zugänge können wir zudem ein Konzept der Organisation anbieten, das uns ermöglicht, ihre vermittelnde Rolle adäquat zu beschreiben.

Wir entwickeln und beschreiben unser theoretisches Modell in den folgenden zwei Kapiteln. Zuerst vergleichen und verbinden wir die neoinstitutionalistische und systemtheoretische Perspektive auf Weltgesellschaft (2). Im Anschluss daran beschreiben wir die entsprechenden Organisationskonzepte dieser zwei Ansätze und stellen unser eigenes Modell der Organisation vor, das auf eben dieser Kombination basiert (3). Nachdem wir dieses Modell präsentiert haben, illustrieren wir die Fähigkeit von Organisationen, mit heterogenen Logiken umzugehen anhand der Beispiele von Oxfam und Endeavor (4). Im darauffolgenden Abschnitt (5) zeigen wir, dass diese Fähigkeit ermöglicht, zwischen unterschiedlichen Logiken auf der gesellschaftlichen Ebene zu vermitteln. Schließlich runden wir den Beitrag mit einer kurzen Zusammenfassung unserer Ergebnisse und einem Ausblick ab (6).

4.2 Homogenität und Heterogenität in der Weltgesellschaft

Systemtheorie und Neoinstitutionalismus konzeptualisieren Homogenität und Heterogenität in der Weltgesellschaft verschieden und heben unterschiedliche Aspekte hervor. Dennoch müssen diese zwei Perspektiven nicht als widersprüchlich behandelt, sondern können in produktiver Weise verbunden werden. Wir zeigen, wie eine solche Kombination das Verständnis von Weltgesellschaft, institutionellen Logiken und Organisationen verbessern kann.

Der Neoinstitutionalismus, besonders in der Form des von John Meyer und seinen Kollegen entwickelten World-Polity-Ansatzes (Meyer 2008), betont die Zunahme von Homogenität durch die Expansion der Weltgemeinschaft und die Entwicklung einer staatenlosen Weltgesellschaft. Er tut dies, indem die Moderne als ein Prozess der weltweiten Emergenz und der Diffusion von rationalisierten Mythen analysiert wird. Verwissenschaftlichung und der Anstieg formaler Organisationen sind beide Medium und Resultat dieser Diffusionsprozesse. Die institutionelle und kulturelle Grundstruktur moderner Gesellschaft und ihre Konstruktion stehen im Zentrum dieser Betrachtung. Darüber hinaus werden rationale Akteure, insbesondere Individuen, Organisationen und Staaten nicht als ontologische Gegebenheiten betrachtet, sondern vielmehr als institutionelle Konstrukte, die sich ebenfalls aus diesen Grundstrukturen ableiten lassen (Meyer/Jepperson 2000).

Neoinstitutionalistische Arbeiten haben vor allem die Diffusion globaler institutioneller Modelle fokussiert. Empirische Beobachtungen der Übernahme spezifischer Institutionen und Verhaltensmuster auf unterschiedlichen Strukturebenen sowie Analysen der Mechanismen ihrer Diffusion und der Akteursnetzwerke, die sie tragen, sind reichlich vorhanden. Beispiele solcher globalen Modelle sind Bildungsprogramme, Umweltschutzregime, Gesundheitsmaßnahmen oder Rechtskataloge (Drori 2008). Diese Beispiele verdeutlichen bereits, dass unterschiedliche „Rationalitäten" existieren und im Globalisierungsprozess diffundieren. Gesundheit folgt beispielsweise einer anderen Logik als Bildung oder Umweltschutz. Unterschiedliche „institutionelle Logiken" definieren die wichtigsten institutionellen Ordnungen der modernen Gesellschaft (Friedland/Alford 1991). Jede dieser Logiken beinhaltet sowohl materiale Praktiken als auch symbolische Elemente.

Bisher wurden institutionelle Logiken in verschiedenartigen Kontexten untersucht (Thornton/Ocasio 2008). Dennoch gibt es keine systematische Beschreibung der spezifischen Charakteristiken verschiedener institutioneller Logiken oder der Institutionensets, die sie jeweils beinhalten (Meier 2012). Vorliegende Analysen institutioneller Logiken sind weder systematisch noch umfassend. Fragen etwa danach, wie die für die Gesellschaft relevantesten Logiken definiert werden sollen oder wie die Differenzen und Relationen zwischen verschiedenen Logiken konzeptualisiert werden können, bleiben unbeantwortet.

An diesem Punkt kann die Systemtheorie ansetzen, um auf der Grundlage ihrer Beschreibung der funktional differenzierten Gesellschaft verschiedene institutionelle Logiken zu definieren und klar voneinander zu unterscheiden. Diese Perspektive bietet einen Rahmen, um die Heterogenität der Weltgesellschaft zu beschreiben.

Die Systemtheorie beschreibt die Differenzierung von Funktionssystemen als hauptsächlichen Antrieb des Globalisierungsprozesses. Funktionssysteme sind soziale Formationen auf der Makroebene, wobei jedes einzelne einer spezifischen Logik folgt und eine bestimmte Funktion für die Gesellschaft erfüllt (Luhmann 1997: 595-776). Wissenschaft, Politik, Ökonomie, Medizin und Kunst sind alle Systeme dieser Art. Die jeweilige Logik jedes Funktionssystems ist nicht in erster Linie durch seine Strukturen bestimmt, sondern vielmehr durch die autopoietische Reproduktion einer jeweils systemspezifischen Operation. So ist beispielsweise das ökonomische System durch Bezahlung als Operation gekennzeichnet; während die Operationen der Wissenschaft Kommunikationen sind, die sich an der Unterscheidung zwischen wahr und falsch orientieren. Strukturen entwickeln sich ausgehend von den operationalen Einheiten eines Systems und erleichtern Verbindungen zwischen Operationen. Demnach erlaubt die ökonomische Struktur „Preis" die Entfaltung ökonomischer Transaktionen, während die wissenschaftliche Struktur „Theorie" zur Fortsetzung von wissenschaftlicher Forschung beiträgt.

Jedes Funktionssystem folgt einer spezifischen Logik in dem Sinn, dass es nur bestimmte Operationen zulässt, die mittels selbst produzierter Strukturen verknüpft werden (Luhmann 1997: 748). Andere Arten von Operationen und ihre entsprechenden Strukturen werden abgewiesen (Luhmann 1997: 751). Das daraus resultierende autopoietische Netzwerk von Operationen wirkt wie ein Schema, um die Welt zu interpretieren und zu bearbeiten. Dabei determiniert eine Logik aber nicht die Zukunft eines Systems, es rahmt diese lediglich. Logiken erlauben immer unterschiedliche Entwicklungen, aber es ist nicht möglich, die Basisoperationen der jeweiligen Logik zu verändern, ohne die Einheit des Systems zu zerstören. Systeme als Netzwerke von aufeinander bezogenen Operationen zu beschreiben, erlaubt eine klare Darstellung der Systemgrenzen sowie eine Analyse der Spezifität unterschiedlicher struktureller Sets, die mit einem spezifischen operationellen Kontext verbunden sind.

Die Systemtheorie beschreibt die moderne Weltgesellschaft als durch die Expansion von Funktionssystemen geformt (Luhmann 1975; 1997: 145-171). Logiken der Funktionssysteme – z.B. wissenschaftliche Forschung oder Marktdynamiken – haben keine geografischen Begrenzungen. Wenn sich geografische Grenzen entwickeln, ist das keine Konsequenz der Systemlogik sondern das Ergebnis kontingenter historischer Entwicklungen.

Die Ausbreitung von Funktionssystemen in der Weltgesellschaft ist ein Prozess der simultanen Homogenisierung und Heterogenisierung: Homogenität nimmt mit der Expansion jeden Funktionssystems zu, während die Heterogenität zwischen den unterschiedlichen Systemoperationen ansteigt. Allgemeine Referenzpunkte dehnen sich aus; auf „wissenschaftliche Wahrheit" kann sich nahezu überall bezogen werden. Aber dieser Prozess der Homogenisierung findet jeweils nur innerhalb jeden Funktionssystems statt. Mit anderen Worten, jedes Funktionssystem ist mit spezifischen Problemen beschäftigt, die es spezifisch behandelt. Dies resultiert in gesteigerter Heterogenität: Die Wissenschaft produziert Wissen, während die Wirtschaft knappe Güter verteilt. Diese Logiken konvergieren nicht und sie müssen nicht kompatibel sein. Es gibt weder eine Meta-Ordnung, die unterschiedliche Funktionslogiken koordinieren könnte noch existiert eine Hierarchie zwischen den Systemen. Heterogenität zwischen Funktionssystemen ist zwar nur eine Art der Heterogenität in der Weltgesellschaft, sie ist aber grundlegend[36]. Wir nutzen diese basale Form von Heterogenität, um Einsichten in Fragen der Heterogenität im Allgemeinen zu gewinnen.

Diese zwei Perspektiven zu kombinieren – institutionelle Logiken und Funktionssysteme – steigert unsere Erklärungskraft für globale Prozesse der Homogenisierung und Heterogenisierung. Für Analysen auf weltgesellschaftli-

---

36 Die Literatur zu Weltgesellschaft und Globalisierung zeigt, dass es einige zusätzliche Formen von Heterogenität gibt: strukturelle Differenzen innerhalb von Funktionssystemen, regionale und kulturelle Besonderheiten, soziale Ungleichheiten und so weiter (für einen Überblick: Schwinn (2006)).

cher Ebene lässt uns der Bezug auf Funktionssysteme institutionelle Logiken systematisieren und die Grenzen zwischen Logiken und dem mit ihnen verbundenen Institutionenset klar bestimmen. Mit der institutionellen Perspektive auf Diffusionsprozesse können wir wiederum beschreiben, wie Strukturen unterschiedlicher Systeme weltweit diffundieren.[37]

4.3 Organisationale Chancen und Herausforderungen

Unterschiedliche Systemlogiken operieren separat; dennoch sind sie nicht isoliert und können einander beeinflussen. Um sich der eigenen Funktion widmen zu können, verlässt sich jedes moderne Funktionssystem bezüglich anderer Funktionen auf den Beitrag von anderen Systemen (Luhmann 1997: 743-788). Wissenschaft benötigt beispielsweise eine Finanzierung, die von der öffentlichen Hand oder der Privatwirtschaft erschaffen werden muss. Nimmt man die operationale Autonomie einer individuellen Logik – und gleichzeitig – ihre Abhängigkeit von anderen Logiken in den Blick, dann tritt die Frage auf, warum unterschiedliche Logiken nicht permanente Hindernisse füreinander darstellen. Probleme sind vor allem zu erwarten, wenn sich Akteure, besonders Organisationen, in ihren Operationen auf verschiedene Logiken beziehen und wahrnehmen, dass diese zu unterschiedlichen und sogar widersprüchlichen Ergebnissen führen können. Konflikte und Blockaden, die heterogene Logiken insbesondere dann verursachen können, wenn die ökonomische Logik in Kontexte eintritt, die traditionell von anderen Logiken dominiert wurden, wurden in der Literatur ausführlich beschrieben (für den Non-Profit-Sektor siehe: Frumkin 2002; Galaskiewicz und Colman 2006; Grunow 1995; Weisbrod 1998). Dennoch führt Heterogenität – und das ist unser zentrales Argument – nicht notwendigerweise zu Problemen für Organisationen. Bis heute wurde den Formen wenig Aufmerksamkeit geschenkt, die Organisationen in ihren alltäglichen Aktivitäten entwickeln, um mit Heterogenität umzugehen. Allerdings sind solche Formen besonders wichtig, da Organisationen durch sie als temporäre und fragmentierte Ordnungen fungieren können, die in der Lage sind, zwischen unterschiedlichen Logiken zu vermitteln und ihre Beziehungen zu regulieren. Ordnungen dieser Art existieren nicht auf der gesellschaftlichen Ebene: In der Moderne gibt es keine universell gültigen Regeln, Programme oder Werte, die in der Lage wären, unterschiedliche Logiken auf umfassende Weise in Einklang zu bringen. Stattdessen entstehen eine Viel-

---

37   Eine Reihe von Studien liefert Beschreibungen zur Frage, wie die Strukturen von einem Funktionssystem expandieren (Stichweh 2000a, 2000b; Stichweh 2003; Werron 2007). Dennoch fehlt nach wie vor eine umfassende Darstellung der aktuellen globalen Expansion von Funktionssystemen (Werron/Holzer 2009).

zahl struktureller Formationen, die – zumindest vorübergehend – Vermittlungs-
mechanismen für spezifische Kontexte entwickeln und stabilisieren. Mit den
umfassenden Makrostrukturen von Gesellschaften verglichen erscheinen diese
Ordnungen temporär und fragmentiert. Zusätzlich zu Organisationen sind Netzwerke, organisationale Felder und Regime Beispiele für diese Ordnungen.[38]

Wir fokussieren auf Organisationen als einen spezifischen Typ dieser fragmentierten Ordnungen. Sie sind nicht nur gut ausgestattet, um mit Heterogenität
umzugehen sondern können existierende Heterogenität und potenzielle Widersprüche aktiv und strategisch für ihre Ziele nutzbar machen. In ihren Entscheidungsprozessen transformieren Organisationen institutionelle Verschiedenheiten
und kombinieren unterschiedliche Logiken. Auf diese Weise können Organisationen, sogar (oder gerade) wenn diese Prozesse alles andere als altruistisch sind,
Heterogenität nicht nur für sich selbst, sondern auch auf einer gesellschaftlichen
Ebene vermitteln. Um zu erklären wie dies geschieht, schlagen wir ein Konzept
von Organisation vor, das Ideengut des Neoinstitutionalismus und der Systemtheorie miteinander verbindet.

In ihrer bahnbrechenden Arbeit heben John W. Meyer und Brian Rowan die
Durchlässigkeit oder sogar das Verschwinden organisationaler Grenzen hervor
(Meyer/Rowan 1977: 347). Die institutionelle Umwelt hat einen signifikanten Ein-
fluss auf die formale Struktur von Organisationen. Alle Organisationen sind dem
Druck ausgesetzt, spezifische institutionelle Logiken zu übernehmen. Sie gewin-
nen so an Legitimität, was für das Überleben einer Organisation essenziell ist.

Diese Perspektive liefert eine überzeugende Erklärung für den Einfluss der
gesellschaftlichen Umwelt auf die organisationalen Strukturen. Allerdings gibt es
unterschiedliche Wege, wie Organisationen mit den externen Erwartungen umgehen. Das Konzept der Entkopplung (Meyer/Rowan 1977) beschreibt einen
ersten Weg, wie Organisationen mit überhöhten Erwartungen oder widersprüchlichen Anforderungen umgehen können: Sie integrieren die Erwartungen oder
Anforderungen auf der Ebene der sichtbaren Formalstrukturen. Diese formalen
Strukturen sind aber von den Kernaktivitäten der Organisation und/oder anderen
Aspekten der formalen Organisation, die weiteren Umweltansprüchen gerecht
werden, entkoppelt (Meyer/Rowan 1977; Meyer et al. 1983).

Tiefergehende Analysen zur Frage, wie Organisationen mit externen Logi-
ken umgehen, liefern Konzepte der Übersetzung (Czarniawska/Sevón 1996;
Zilber 2009) und Endogenisierung (Edelman et al. 1999; Zilber 2009). Diese
Konzepte heben hervor, dass Organisationen im Zuge der Übernahme externer
Modelle immer auch die zugehörigen Logiken entsprechend der organisationsin-
ternen Dynamiken transformieren. Was fehlt ist eine aussagekräftige Definition

---

38   In ähnlicher Art beschreiben Fischer-Lescano und Teubner (2006) Netzwerke als Vermitt-
     lungsmechanismen zwischen unterschiedlichen regulativen Regimes.

der „internen Dynamiken", die auch erklären würde, wie Organisationen im Allgemeinen in der Lage sind, als Einheit zu operieren. Diese theoretische Komponente ist erforderlich, um erklären zu können, wie interne Eigenschaften die Übernahme von Institutionen bedingen.

Die Systemtheorie bietet ihrerseits eine elaboriertere Definition solcher organisationaler Dynamiken an. Sie beschreibt Organisationen als Systeme, die auf Entscheidungen basieren. Organisationale Entscheidungen haben die besondere Eigenschaft, dass sie immer auf das Netzwerk vorangegangener Organisationsentscheidungen bezogen sind. Um dies tun zu können, entwickeln Organisationen bestimmte Strukturen (Hierarchien, Prozeduren, Regeln und so weiter), die die Entscheidungsprozesse erleichtern (Luhmann 2000: 39-80). Organisationen sind somit autonome Systeme, die ihre eigenen Entscheidungen produzieren. Mit anderen Worten können organisationale Dynamiken als eine Aufeinanderfolge miteinander verbundener Entscheidungen beschrieben werden. Organisationen sind in der Lage, ihre Identität und ihre eigene strukturelle Ordnung herzustellen und zu reproduzieren, indem sie sich auf ihre eigenen Entscheidungen stützen. Dies erklärt, warum Organisationen sich nicht durch externe Logiken formen lassen, sondern diese stattdessen kontinuierlich in eine Form transformieren, die es ihnen erlaubt, ihre Entscheidungsprozesse fortzuführen (siehe auch Hasse/Krücken 2008). Anders gesagt transformieren Organisationen externe Logiken in etwas, mit dem sie umgehen können. Diese Transformation ist ein Prozess der „Respezifikation": Organisationen überführen gesellschaftliche Logiken in eine spezifischere Form (Luhmann 1994a: 308-313; 2002: 144)[39]. So ist beispielsweise Bildung eine generalisierte Logik, die von Schulen in ihren spezifischen Programmen respezifiziert wird.[40] Respezifikation tritt immer in Übereinstimmung mit den internen Dynamiken des Entscheidungsprozesses auf.[41]

---

39   Als Resultat kreieren Respezifikationsprozesse mehr Heterogenität in der Weltgesellschaft. Diese Formen der Heterogenität sind nicht Gegenstand dieses Beitrags. Stattdessen fokussieren wir auf die Rolle, die organisationale Respezifikationsprozesse im Umgang mit aus unterschiedlichen Funktionslogiken abgeleiteter Heterogenität spielen. Während Respezifikationen zwar neue Formen der Heterogenität generieren, ermöglichen sie in erster Linie aber den Umgang mit unterschiedlichen Logiken.

40   Wie Organisationen haben auch Funktionssysteme Programme. Theorie und Methoden sind beispielsweise Programme des Wissenschaftssystems. Dennoch haben organisationale Programme die besondere Eigenschaft, Komplexität auf eine Art und Weise zu reduzieren, die Entscheidungsprozesse unterstützt. Während beispielsweise verschiedene Methoden und theoretische Ansätze aus wissenschaftlicher Sicht akzeptierbar wären, um ein bestimmtes Phänomen zu untersuchen, ermöglichen die organisationalen Strukturen – z.B. verfügbare Instrumente oder die Abteilungsstruktur eines Forschungsinstitutes – eine konkrete Entscheidung darüber, wie weiter zu verfahren sei.

41   Wir beschreiben das Verhältnis von Organisationen und Funktionssystemen als eine Respezifikation auf der strukturellen Ebene von Organisationen. Indessen kann diese Beziehung auch auf der Beobachtungsebene analysiert werden (Tacke 2001).

Niklas Luhmann legt dar, dass Organisationen in der Lage sind, mehrere Logiken intern zu spiegeln (Luhmann 1964: 73-88). Nichtsdestotrotz analysiert er in seinem eigenen Werk in erster Linie die Respezifikation von individuellen Logiken (z.b. respezifizieren Schulen Bildung oder Unternehmen respezifizieren das generalisierte Medium „Geld"). Andere Beiträge aus der Systemtheorie haben hingegen die „Multireferentialität" von Organisationen hervorgehoben (Wehrsig/Tacke 1992): Organisationen können auf unterschiedliche Logiken Bezug nehmen. Dies wird hauptsächlich durch eine interne Differenzierung in Abteilungen möglich. Diese Beiträge betonen auch, dass eine Organisation durch ihren Bezug auf verschiedene Logiken eine „strukturelle Kopplung" zwischen den Systemen hervorbringt, also sozusagen eine Vermittlung zwischen Logiken auf der Makroebene (Bode/Brose 2001; Lieckweg 2001; Besio 2009: 249-290).

Wir argumentieren, dass wir durch die Integration der neoinstitutionalistischen und systemtheoretischen Perspektive eine adäquatere Erklärung für die vermittelnde Rolle von Organisationen liefern können. Eine derartige theoretische Integration adressiert zwei Sachverhalte: die Autonomie der Organisationen und ihre Eingebettetheit in eine größere soziale Ordnung. Indem wir Entscheidungen als das Kernstück von Organisationen konzeptualisieren heben wir hervor, dass Organisationen weder durch die Summe ihrer Mitglieder konstituiert noch durch ihre Umwelt determiniert werden. Entscheidungen sind eine besondere Art von Kommunikation, die explizit zwischen Alternativen auswählen (hier folgt Luhmann Simon 1997). Auf Entscheidungen zu fokussieren exkludiert andere Formen von Handlungen wie Routinen oder Arbeitsaktivitäten nicht von der Analyse, es unterstreicht lediglich, dass die Spezifität von Organisationen aus ihren autonomen Entscheidungsprozessen besteht (March/Simon 1993 [1958]: 157-192; Luhmann 2000: 183-221).[42]

Organisationen können externe Formen abhängig von ihren Zielen, formalen Strukturen, Problemdefinitionen, kulturellen Rahmungen und ihrer Geschichte unterschiedlich transformieren. Respezifikation ist ein generelles Konzept; es umfasst Prozesse der Entkopplung aber auch Prozesse der Übersetzung, Umrahmung, Ausblendung eines oder mehrerer Teile der Umwelt sowie die aktive Integration externer Logiken und ihre Verankerung auf verschiedenen strukturellen Ebenen. Organisationen respezifizieren durch ihre Entscheidungsprozesse nicht nur eine sondern mehrere Logiken. Sie tun dies auf unterschiedliche Weise: Sie lassen diese Logiken getrennt voneinander agieren, z.B. in unterschiedlichen Abteilungen, sie verbinden sie an spezifischen Punkten miteinander, sie übersetzen sie in neue Kategorien und so weiter. Durch diese Prozesse stellen Organisa-

---

42 Organisationale Routinen und Arbeitsaktivitäten entwickeln sich im Kontext von Entscheidungsprozessen. Das geschieht als Prämisse oder Konsequenz dieser Prozesse.

tionen temporäre Ordnungen bereit, die in der Lage sind, zwischen unterschiedlichen Logiken zu vermitteln.

4.4 NGOs und multiple Logiken

Um die verschiedenen organisationalen Herangehensweisen zu Heterogenität auf einer globalen Ebene beschreiben zu können, ziehen wir zwei NPOs aus dem Bereich der Entwicklungshilfe als Beispiele für Organisationen heran, die unterschiedliche Formen der Respezifikation anwenden: Oxfam mit einem Entkopplungsmechanismus und Endeavor mit einer Übersetzung von Logiken. Beide Organisationen müssen sich selbst finanzieren, sie müssen Transparenz garantieren, Verantwortung gegenüber ihren Unterstützern zeigen und einen Bezug zu den unterprivilegierten Bevölkerungssegmenten herstellen, denen sie ihre Dienste anbieten. Die Auseinandersetzung über den Non-Profit-Sektor schenkt den durch solche Heterogenität erwachsenen Schwierigkeiten häufig viel Aufmerksamkeit (Grunow 1995; Weisbrod 1998; Frumkin 2002; Galaskiewicz/Colman 2006). Kritiker betonen die Unmöglichkeit, widersprüchliche Logiken in Einklang zu bringen. Häufig wird geäußert, NPOs würden sich grundlegend verändern, sobald sie ökonomische Aktivitäten einführen und in der Folge nicht mehr auf einer interessenlosen „Selbstverpflichtung" beruhen können. Humanitäre Arbeit kann auch durch politische Logiken erschwert werden, die zu einer starken Formalisierung, Professionalisierung und Bürokratisierung zwingen. Außerdem kann die Kooperation von unabhängige NPOs mit politischen und wirtschaftlichen Organisationen sowohl den Verlust ihrer Identität als auch ihres kritischen Potenzials verursachen. Oxfam und andere große Wohltätigkeitsorganisationen wurden direkt mit der Kritik konfrontiert, sie würden zu unternehmensartigen Organisationen mit undemokratischen internen Strukturen und mit der Fähigkeit, zwar die Symptome von Armut adressieren zu können, nicht aber ihre Ursachen (Quarmby 2005; Ransom 2005).

Die Verstrickung der meisten NPOs mit den beschriebenen Formen von Heterogenität ist kein Zufall sondern eine Konsequenz ihrer Beschaffenheit. NPOs sind durch eine doppelte Negation definiert: sie sind weder profitorientiert noch staatliche Organisationen (Powell/Steinberg 2006). Häufig werden NPOs als Teil der Zivilgesellschaft beschrieben (Anheier 2005: 20ff) oder als Organisation, die dem „öffentlichen Interesse" oder „öffentlichen Zwecken" (Anheier 2005: 43f) dienen. NPOs sind Organisationen, die auf der gesellschaftlichen Ebene als „Agenten für Andere" verstanden werden. Letztere können etwa ihre eigenen Mitglieder sein, wie bei industriellen Verbänden oder Sportvereinen, oder bestimmte Kategorien von Menschen, wie im Fall von Wohlfahrtsorganisationen, die sich für benachteiligte Bevölkerungsgruppen engagieren, oder sogar allgemeine Prinzipien wie Menschenrechte oder Nachhaltigkeit, wobei die NPOs dann „Agenten für Prinzipien" sind (Meyer/Jepperson 2000). In jedem Fall drücken NPOs aus, dass sie nicht für ihre eigenen Interessen sondern für die der anderen, und manchmal sogar für das generalisierte „Gute" handeln. Diese Abstraktion impliziert häufig, dass NPOs in der Lage sein müssen, ihre Handlungen gegenüber unterschiedlichen Publika zu legitimieren. So lange sie plausibel zeigen können, dass sie für das generelle „Gute" handeln, sind sie hochgradig legitimierte soziale Akteure.

Aufgrund ihrer inhärenten stellvertretenden Natur sind diese „Agenten für Andere" gezwungen, quer über verschiedene Bereiche hinweg zu arbeiten. Während die meisten Organisationen Ziele priorisieren, die mit der Logik eines Funktionssystems korrespondieren, trifft dies für die Mehrheit der NPOs auf der strukturellen Ebene nicht zu[43]. Einige Autoren sehen darin sogar das zentrale Charakteristikum von NPOs: Als Organisationen, die zwischen Systemen handeln, sind sie durch ökonomische, politische oder sogar gesellschaftliche Diskurse beeinflusst und besonders geneigt, zwischen unterschiedlichen Logiken zu vermitteln (siehe Bode 2012: 153). Im Folgenden stellen wir anhand der zwei Beispiele vor, wie dieser Bezug zu unterschiedlichen Logiken von NPOs aktiv genutzt wird.

4.4.1 Oxfam: Entkopplung unterschiedlicher Logiken

In den meisten Diskussionen des Konzepts vernachlässigt, obwohl von Anfang an in der Definition enthalten (Meyer/Rowan 1977; Meyer et al. 1983), ist eine Form der Entkopplung im Kontext dieses Beitrags besonders interessant: die interne Trennung von unterschiedlichen Logiken in verschiedenen Organisationseinheiten. Durch Entkopplung können verschiedene Einheiten unterschiedliche Logiken in Anspruch nehmen, ohne dass sie sich gegenseitig behindern: wenn spezifische externe Erwartungen in einer Abteilung übernommen werden, brauchen sich die anderen nicht damit beschäftigen. Diese starke Aufgabenteilung wird durch die organisationalen Abteilungsstrukturen geleistet (Luhmann 1964: 63-88). Dennoch hebt Luhmann hervor, dass Abteilungen sogar dann wesentlicher Bestandteil ihrer Organisation bleiben, wenn sie weitgehend autonom operieren. In diesem Sinne ist Entkopplung nie vollständig. Es existieren immer Formen der Verkopplung, wenn auch limitiert. Wenn diese Formen in geeigneter Weise strukturiert sind, erlauben sie die Vermittlung von Logiken. Dies kann durch Strukturen wie spezifische Kommunikationskanäle, Formen des Transfers von Ressourcen wie Wissen oder Geld, Monitoringtätigkeiten und so weiter

---

43   Einige NPOs binden ihre Tätigkeiten an ein Funktionssystem, z.B. Gesundheit oder Bildung, die meisten tun dies jedoch nicht.

geschehen. Viele globale NPOs nähern sich dem Idealtyp der extensiven Entkopplung auf der Abteilungsebene an. Oxfam ist ein Beispiel dieser Ordnung.

Oxfam ist ein internationales Bündnis von 15 Organisationen mit dem Ziel, Lösungen für Armut und Unrecht zu finden.[44] Auf der einen Seite initiiert Oxfam Entwicklungsprojekte, die die lokalen Gemeinschaften einbinden, auf der anderen Seite verrichtet Oxfam politische meinungsbildende Aktivitäten. Oxfam ist auf unterschiedliche Weisen finanziert: Spenden von Individuen und Firmen, Zuschüsse von Institutionen und so weiter. Eine wichtige Geldquelle sind auch ökonomische Aktivitäten der Organisation selbst mit der Folge, dass die Aktivitäten von Oxfam in der Summe sowohl auf politische und ökonomische Logiken als auch auf moralische Ziele Bezug nehmen. Das bedeutet, dass Oxfam gesellschaftlichen Erwartungen nachkommen muss, die mit unterschiedlichen Logiken verknüpft sind.

Oxfam ist erfolgreich in seinen Bemühungen, weil unterschiedliche Leistungen von verschiedenen Einheiten realisiert werden, wobei jede Einheit im Bereich einer der genannten Logiken operiert.[45] Während die PR-Abteilung Medienkontakte aufrecht erhält entwickeln operative Einheiten Projekte mit humanitären Zielen wie Beschulung oder dem Bau von Infrastruktur. Außerdem hat die Organisation, um ihre Primärziele zu finanzieren, eine Marketingabteilung und Warenhäuser, die auf hochprofessionelle Weise einer marktbasierten Logik folgen: ihre Hauptaufgabe ist Profit (für die historische Entwicklung dieser Strukturen siehe Black 1992: 203-208).

Diese Entkopplung von Logiken ist in Abb. 1 abgebildet, in der die Organisationsstruktur von Oxfam in Deutschland dargestellt ist[46]. Zunächst gibt es eine klare Trennung zwischen dem Teil der Organisation, der mit Oxfams Kernaktivitäten beschäftigt ist (Entwicklungshilfe und politische Aktivitäten) und dem Teil, der zum Ziel hat, Geld zu verdienen. Der Teil der Kernaktivität der Organisation ist ein nicht-profitorientierter Verein (e.V.), während das geldverdienende Gegenstück eine Gesellschaft mit beschränkter Haftung (GmbH) mit einem anderen Hauptverantwortlichem ist.[47] „Oxfam Deutschland Shops GmbH" ist kein Teil des „Oxfam

---

44 http://www.oxfam.org/, Zugriff 15.03.2012.
45 „Entkopplung" ist nicht der einzige Weg, auf dem Oxfam zwischen verschiedenen Logiken vermittelt, dennoch ist es ein sehr wichtiger. Für den Fall „Oxfam" fokussieren wir nur auf Entkopplung.
46 Wir nutzen Oxfam Deutschland als Beispiel für alle nationalen Oxfam-Organisationen.
47 Vereine sind häufig eng mit anderen Organisationsformen verbunden. Rudolf Stichweh hebt hervor, dass dies den Organisationen erlaubt, effektiv Aufgaben wahrzunehmen, deren Handhabung für die Form des Vereins schwierig wäre. Eine wichtige Unterscheidung ist die motivationale Struktur der Organisationsmitglieder. Mitgliedschaften, die aus intrinsischer Motivation resultieren, unterscheiden sich von Mitgliedschaften, die wie in einer Vielzahl anderer Organisationen auf Bezahlung basieren (Stichweh 2000c: 28).

Deutschland e.V.", sondern eine eigenständige Organisationseinheit. Dennoch ist die Beziehung zwischen den beiden insofern gesichert, als die Geschäftsführung und der Aufsichtsrat der „Shops" vom Vorstand des Vereins bestellt werden. Außerdem steht fest, dass die „Shops" der Finanzierung des nicht-profitorientierten Teils von Oxfam dienen sollen. Im Kernbereich gibt es eine zusätzliche Trennung zwischen Einheiten, die Entwicklungsprojekte umsetzen, solchen, die mit politischen Tätigkeiten beschäftigt sind wie Informationskampagnen und Lobbyarbeit und denjenigen Einheiten, die auf Marketing fokussiert sind.

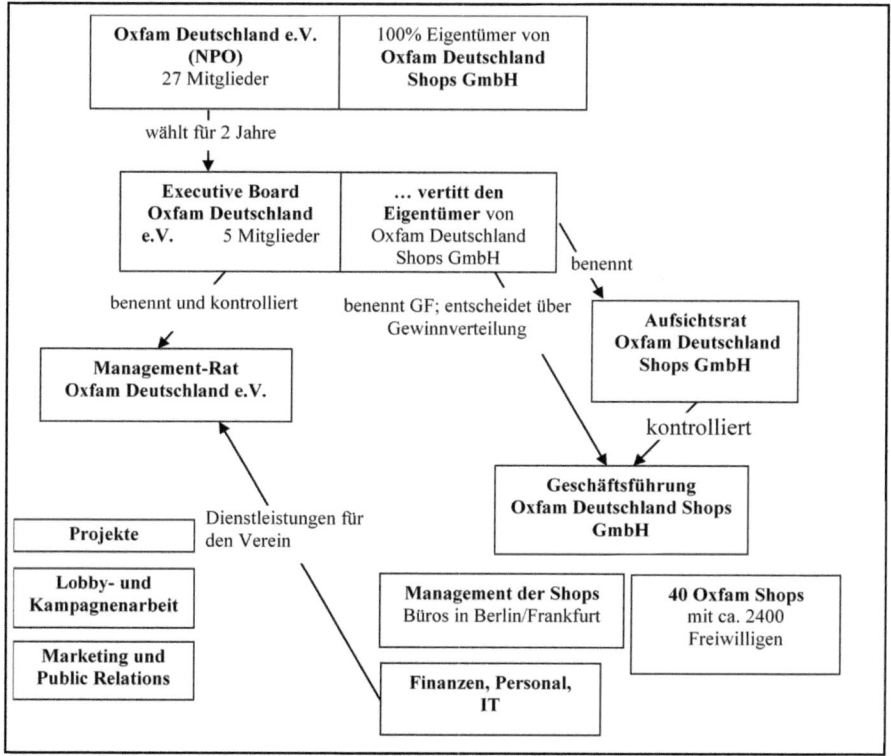

Abbildung 1:   Struktur von Oxfam Deutschland

Quelle: http://www.oxfam.de/sites/www.oxfam.de/files/20120120_gesamtstruktur-ode_0.pdf

Durch diese Entkopplung organisationaler Einheiten ist Oxfam in der Lage, auf als widersprüchlich ansehbare Logiken wie Profit oder humanitäre Hilfe Bezug zu nehmen. Die Logiken werden separat respezifiziert, auf unterschiedliche Weisen

und durch größtenteils unabhängige Akteure. Gleichzeitig erlauben die vorhandenen Strukturen sehr bestimmte, beschränkte Arten des Austausches zwischen unterschiedlichen Teilen der Organisation. So gibt etwa der Verein Richtlinien an die
Shops bezüglich der Produktpalette. Jenseits dieser Beschränkungen agieren die
Shops in ihrem Streben nach Profit wie andere kommerzielle Einrichtungen. Der
Verein erhält dann Geld aus den ökonomischen Aktivitäten der Shops, welches für
die Kernaktivitäten der Kampagnenarbeit und der Hilfsprojekte eingesetzt wird.

Oxfam ist mit seiner aktiven Nutzung von und nicht nur dem bloßen Umgang
mit unterschiedlichen Logiken keine Ausnahme. In den letzten Jahren ist eine
starke Vermehrung von Initiativen zu beobachten, die als „enterprising non-profit"
(Dees et al. 2001) bezeichnet werden. Diese Initiativen zielen darauf ab, NPOs so
zu managen, dass sie im gleichen Stil agieren wie For-Profit-Organisationen. Während einige Kritiker den Verlust der Non-Profit-Identität fürchten, setzen NPOs
unternehmerische Kenntnisse häufig instrumentell an, um ihre sozialen Ziele zu
erreichen. Das Erreichen der gesteckten moralischen Ziele, wie etwa die Armuts-
bekämpfung, kann von Aktivitäten wie der Beschaffung von Finanzmitteln, Marketing und Budgetierung abhängen. Wenn es gelingt, diese unternehmerischen
Aktivitäten auf der Ebene der Prozeduren zu verankern und das organisationale
Ziel im Blick zu behalten, dann werden sie zu einem zentralen Element des organisationalen Erfolges.

4.4.2   Endeavor: Übersetzung von Logiken

Endeavor ist eine Non-Profit-Organisation, die zum Ziel hat, Kapitalismus und
Unternehmertum in Entwicklungsländern zu befördern. Ihr moralisches Ziel ist
es, aufstrebenden Ländern zu helfen, jedoch nutzt die Organisation einen eigen-
artigen Ansatz, um dieses Ziel zu erreichen. Statt Hilfsprojekte zu initiieren oder
als Beraterin der Politik aufzutreten beabsichtigt Endeavor Marktwirtschaft und
unternehmerisches Handeln zu fördern. Endeavor platziert sich damit in dem
Feld von Entwicklungshilfe-NPOs, die ökonomische Entwicklung in das Zentrum ihrer Zielsetzungen stellen. Solche Organisationen beabsichtigen, Menschen
zum eigenen ökonomischen Aufstieg zu befähigen, z.B. indem sie sie schulen
ihre eigenen kleinen Unternehmen in Betrieb zu nehmen oder indem sie durch
Mikrofinanzstrategien Kapital verleihen. Ein bekanntes Beispiel für derartige
Mikrofinanzstrategien ist etwa die Grameen Bank, die im Jahr 2006 den Frie-
densnobelpreis für ihr Mikrokreditkonzept für Arme erhalten hat. Diese Arten
von Initiativen können durch sehr unterschiedliche Organisationen realisiert
werden, auch durch Firmen. Wenn diese Initiativen im Rahmen von Non-Profit-
Organisationen situiert sind, werden Überschusserträge nicht an die Gesellschaf-
ter umverteilt sondern typischerweise in neue Projekte re-investiert.

Endeavor wurde 1997 gegründet, hat ihren Sitz in New York, mit einem Headquarter nahe der Wall Street, und ist aktiv in verschiedenen Ländern mit sich rasch entwickelnden Märkten. Endeavor bekommt Geld von einzelnen Spendern sowie durch Partnerschaften und Zuschüsse. Sowohl die ökonomische als auch die moralische Logik humanitärer Hilfe konstituieren für Endeavor den Ausgangspunkt. Im Unterschied zu Oxfam verfolgt Endeavor nur wenig ökonomische Aktivitäten selbst. Nichtsdestotrotz ist die ökonomische Logik für Endeavor zentraler als für Oxfam. Sie ist tatsächlich tief in ihrem Ziel verwurzelt. Denn Endeavors erklärtes Ziel ist das Folgende:

> „Endeavor hilft High-Impact-Unternehmern ihr Potenzial zu entfalten indem ein unvergleichliches Netzwerk von erfahrenen Führungskräften zur Verfügung gestellt wird, die den Schlüssel zu unternehmerischen Erfolg bieten."

Die Begründung für diesen Ansatz ist:

> „High-Impact-Unternehmer sind der Schlüssel zu anhaltendem Wachstum in aufstrebenden Märkten. Es sind die ambitionierten Unternehmer, die innovative, stark wachsende Geschäfte betreiben, die tausende von Arbeitsplätzen und Millionen an Wohlstand und grenzenlose Möglichkeiten in ihren Ländern erschaffen."[48]

Dieses Zitat zeigt, wie das Ziel der Entwicklungshilfe in die Notwendigkeit übersetzt wird, wirkmächtige Unternehmer zu unterstützen. Im Kontext dieser Organisation meint „Übersetzung" (Zilber 2009), dass nur diejenigen Elemente der humanitären Hilfe und der ökonomischen Logik berücksichtigt werden, die kom-patibel miteinander sind. In der Folge werden die Unterschiede zwischen diesen Logiken eingeebnet und unternehmerisches Engagement wird als die beste Form der Entwicklungshilfe erachtet. Humanitäre Ziele werden in die Unterstützung ökonomischer Aktivitäten übersetzt: Entwicklungshilfe koinzidiert mit der Unterstützung des Unternehmertums.

Endeavor sieht die Stärkung aufstrebender Wirtschaften als zentral an, um die Gesellschaft zu verbessern und Ungleichheit zu bekämpfen. Von den unterstützten Unternehmern wird erwartet, dass sie als Vorbild für die Transformation der Gesamtgesellschaft agieren:

> „Ich glaube fest an die Kraft des Vorbilds. Das ist eine Inspiration. Wir haben beeindruckende Vorbilder hier. Und es ist komisch, weil Vorbilder von den Wirklichkeiten abhängen. Was für Sie ein Vorbild ist, muss für mich keins sein. Also haben wir unterschiedliche Vorbilder für verschiedene Menschen." (Manager, Endeavor Brasilien).

---

48 http://www.endeavor.org/model/ourmission, Zugriff 15.03.2012. Die englischen Textteile wurden von den Autoren ins Deutsche übersetzt.

Konkret verfolgt Endeavor dieses Ziel mit etlichen Programmen, in denen Unternehmer aus Schwellenländern mit erfahrenen Mentoren in Kontakt gebracht und in ihrer medialen Sichtbarkeit unterstützt werden und juristische Beratung bekommen. Für das Zustandekommen dieser Programme sind Partner aus der Industrie und aus dem Finanzbereich klar erforderlich, nicht nur, weil sie eine wichtige Finanzierungsquelle sind, sondern auch aufgrund ihrer Kompetenz.

Endeavor ist erfolgreich darin, wirtschaftliche und finanzielle Partner zu motivieren und zu mobilisieren, weil sie eine NPO mit einem sozialen Auftrag ist.

> „Ich glaube, als Non-Profit haben wir eine Art Autorität. Bei einem For-Profit würden viele Interessenskonflikte auftauchen. Die Mentoren, die schenken ihre Zeit, weil wir eine Non-Profit sind und weil wir im besten Interesse der Gesel-schaft arbeiten." (Direktor, Endeavor Brasilien)

Sie können ihre Partner deshalb motivieren, weil sie humanitäre Ziele in eine Form übersetzen, die von wirtschaftlichen Akteuren angenommen werden kann. Zudem demonstriert Endeavor seine eigene Wirksamkeit und Verlässlichkeit durch die Übernahme einer businessorientierten Sprache und Praxis:

> „Wir haben Indikatoren und Statistiken und Ziele für alles und jeden. Von mir bis zum letzten Assistent. […] Wir wissen, wie man Dinge misst. Wir haben monatliche Erfolgsmeetings: ob wir auf dem Weg sind, unsere Ziele zu erreichen. Die Führung von Endeavor ist unglaublich. Wir haben externe Audits. PWC ist unsere Auditfirma. Wir haben ein Gremium von Direktoren, die die größten Führungskräfte des brasilianischen Business sind. Wir arbeiten wirklich wie ein Unternehmen, obwohl wir eine Non-Profit-Organisation sind." (Manager, Endeavor Brasilien)

Auf ihrer Webseite zählt Endeavor eine Reihe von Erfolgskriterien, genannt „Global Impact Metrics" auf. Informationen gibt es beispielsweise zu den jährlichen Einkünften, die durch Endeavor-Unternehmer erzeugt wurden (z.B. 4.5 Millionen US-\$ im Jahr 2010), oder zur Anzahl der Bewerber, die seit 1997 ein professionelles Feedback bekommen haben (28.652). Die Wirkungsindikatoren werden in Form von Finanz- und Humankapital ausgedrückt; der Erfolg wird also in erster Linie mit ökonomischen Begrifflichkeiten bewertet. Diese Terminologie erlaubt Endeavor die Erfolge ihrer Arbeiten in einer Form auszudrücken, die von den Schlüsselpartnern verstanden und akzeptiert werden kann.

Organisationen wie Endeavor stellen ein Framing der Wirtschaft als positiver sozialer Kraft her. Anstatt den Kapitalismus als Quelle von Armut zu kritisieren, sehen solche Organisationen privatwirtschaftliche Initiativen als Antriebskraft für gesellschaftliche Entwicklung. Die Rolle von NPOs wird ebenfalls anders interpretiert: Während traditionelle Entwicklungshilfe auf von Experten geführten Top-

Down-Interventionen beruhte, unterstützen und entwickeln Organisationen wie Endeavor Kräfte, die innerhalb einer Gemeinschaft bereits existieren.

4.5 Gesellschaftliche Logiken vermitteln

Die Formen, die Organisationen nutzen um Logiken für ihre Zwecke zu kombinierenkönnen als temporäre und fragmentierte Ordnungen gefasst werden, die zwischen Logiken auf der gesellschaftlichen Ebene vermitteln. Vermittlung beschreibt dabei, wie es temporäre und fragmentierte Ordnungen ermöglichen, dass unterschiedliche Logiken gleichzeitig am Werke sein können, ohne sich gegenseitig zu behindern und zugleich, dass Chancen für reziproke Einflussnahme entstehen.[49] Organisationen respezifizieren externe Logiken intern, um Kompatibilität mit ihren eigenen Strukturen und Operationen aufrechtzuerhalten. Wenn erfolgreich, ermöglichen genau dieselben Strukturen zudem den Einsatz unterschiedlicher Logiken ohne wechselseitige Störung und leiten zugleich Prozesse der reziproken Einflussnahme ein. Diese Einflussnahme tritt jedoch nur als Irritation auf und wird durch die je einzelnen Systeme in je eigener Art und Weise weiterprozessiert. Wir bedienen uns Oxfam und Endeavor, um zwei unterschiedliche Formen der Vermittlung im o.g. Sinn zu beschreiben.

Oxfam kann durch Entkopplung und selektive Wiederherstellung von Verbindungen an bestimmten Punkten wirkungsvoll zwischen unterschiedlichen Logiken vermitteln. Besonders mit der wirtschaftlichen und der moralischen Logik der humanitären Hilfe wird getrennt voneinander verfahren. Wirtschaftliche Aktivitäten und humanitäre Projekte finden beide zur gleichen Zeit in getrennten Einheiten statt. Nur bestimmte Verbindungen sind zwischen diesen zwei Bereichen erlaubt. Die Einnahmen der Oxfam-Shops werden in den Oxfam-Verein übertragen und in humanitäre Projekte investiert. Dies garantiert die kontinuierliche Finanzierung der humanitären Projekte unabhängig von staatlichen Zuschüssen oder privaten Spenden. Die auf diese Weise erfolgte Finanzierung ist eine wichtige Voraussetzung für die Realisierung der humanitären Oxfam-Ziele, da die durch Oxfam finanzierten Projekte zur Entwicklungshilfe beitragen. Diese Projekte arbeiten dann aber autonom auf der Basis der Logik der Entwicklungshilfe. Sie sind dabei nicht nur für ihre eigenen Erfolge wertvoll, sondern weil sie eine Prämisse für andere Projekte oder Initiativen mit ähnlicher Zielstellung im Feld der Entwicklungshilfe werden können (Tvedt 2002).

---

49 Vermittlung meint nicht die Integration unterschiedlicher Logiken und kann dies – zumindest aus unserer Perspektive – auch nicht meinen (für einen Zugang, der Integration fokussiert siehe Münch 1980).

Oxfams Vermittlung funktioniert aber in beide Richtungen: Humanitäre Bemühungen können auch die Wirtschaft beeinflussen. Durch die Shops eröffnet Oxfam Marktplätze für internationalen Handel. Von erstrebenswerten gesellschaftlichen Zielen ausgehend initiiert Oxfam Aktivitäten, die im Kontext der entkoppelten Organisationseinheiten Autonomie im Bereich der Wirtschaft entfalten. Indem die Organisation den Verkauf von Produkten aus ärmeren Regionen der Welt mit fairen, den Produzenten zugutekommenden Preisen befördert, erreicht Oxfam eine sehr spezifische Irritation internationaler Märkte.

Oxfam vermittelt auch zwischen Gesellschaft und Politik. Entkopplung ist auch für diesen Typ der Vermittlung zentral. Die mit politischen und meinungsbildenden Angelegenheiten beschäftigten Einheiten erhalten Informationen aus den Einheiten, die direkt mit Entwicklungshilfe beschäftigt sind; jedoch arbeiten sie unabhängig und primär auf Basis der Logik politischer Kommunikation, wenn sie etwa Themen für politische Debatten ausarbeiten.

Von Beginn an war Oxfam eine politische Organisation, die versucht hat auf die Politik Einfluss zu nehmen und humanitäre Ziele auf die öffentliche Agenda zu setzen (Black 1992: 1-21). Sie gehört zu den Organisationen, die an der Peripherie des politischen Systems agieren, Probleme analysieren und priorisieren und schlussendlich wichtige Vorarbeiten für politische Entscheidungen liefern. Solche Organisationen prozessieren gesellschaftliche Werte und transformieren sie in eine Form, die politische Aufmerksamkeit erregt (Luhmann 2002b: 245-246). Durch Aktivitäten wie Lobbying, Beratung und PR trägt Oxfam zur Definition von Kategorien bedürftiger Menschen sowie zu Zielstellungen und Interventionsmodellen bei.

Weil Oxfam nicht nur eine Interessensorganisation ist, sondern auch eine, die aktiv Entwicklungshilfeprojekte umsetzt, fließt ihre Vermittlung auch in die andere Richtung. Oxfam kann ein Partner von oder Auftragnehmer für politische Träger werden und durch ihre Entwicklungsaktivitäten zur Behandlung eben der Probleme beitragen, die sie selbst auf die politische Agenda gesetzt hat. In diesem Sinne funktionieren politische Anliegen als Ausgangspunkt für Entwicklungsprojekte die ihrerseits der Logik der Entwicklungshilfe folgen. Obwohl Oxfam Regierungen oder anderen politische Akteure im Rahmen ihrer politischen Aktivitäten kritisieren kann, ist Oxfam bei etlichen Entwicklungsprojekten Partner eben dieser Akteure. Die Organisation ist in der Lage, diese verschiedenen Rollen gleichzeitig zu bewältigen, weil sie auf der organisationalen Ebene entkoppelt sind. Das heißt nicht, dass Rollenkonflikte ausgeschlossen sind, aber die Separierung von verschiedenen Aktivitäten ermöglicht in der alltäglichen Arbeit eine weitgehend ungestörte Behandlung unterschiedlicher Aufgaben.

Bei Endeavor dominiert eine andere Form der Vermittlung. Sogar für diese Organisation, deren Mission auf wirtschaftliche Entwicklung fokussiert ist, bestimmt die ökonomische Logik weder die gesamte Organisation noch verhindert dies die Entfaltung anderer Logiken. Die Logik der Wirtschaft ist nicht dominant; vielmehr bleibt die Logik der Entwicklungshilfe intakt.

„Ich denke, wir agieren wie eine For-Profit-Firma. In unserem Alltag. Aber wir verlieren nie den Fokus auf die soziale Bedeutung. Alle Programme müssen profitabel sein aber sie müssen auch soziale Wirkungen liefern." (Direktor, Endeavor Brasilien)

Durch ihre Aktivitäten implementiert Endeavor auf der einen Seite die Logik der Entwicklungshilfe, auf der anderen Seite fördert sie wirtschaftliches Wachstum. Die Vermittlungsform von Endeavor basiert auf der Übersetzung von humanitären Zielen in die Unterstützung von wirtschaftlichen Tätigkeiten. Verschiedene Akteure sind so in der Lage, einen Anschluss an die Aktivitäten von Endeavor zu finden.
Endeavor überzeugt Partner der Industrie erfolgreich davon, dass ihre Entwicklungshilfearbeit hochgradig wertvoll ist. Dies erlaubt es Endeavor, die nötige finanzielle, technische und personelle Unterstützung zu erhalten, die für die Initiierung der Projekte im Feld der Entwicklungshilfe notwendig ist. Die Organisation vermittelt erfolgreich zwischen unterschiedlichen Logiken, was in der Verfügbarkeit von ökonomischen Ressourcen zum Aufbau von Entwicklungshilfearbeiten resultiert. Endeavor initiiert Projekte mit der Unterstützung wirtschaftlicher Partner. Nichtsdestotrotz operieren diese Projekte dann innerhalb der Logik der Entwicklungshilfe. Die Projekte sind zentriert um die Aufgabe, als „High-Potentials" identifizierte Unternehmer in aufstrebenden Ländern zu helfen. Die darunterliegende humanitäre Begründung ist die, dass diese Projekte sowohl der Unternehmung direkt als auch breiteren Teilen der Bevölkerung indirekt Unterstützung liefern können, etwa durch die Schaffung von Arbeitsplätzen.

„Die größte Wirkung unserer Betätigungen werden Arbeitsplätze sein. Wenn also ein Unternehmer eine Firma aufbaut, dann schafft er Jobs und Wohlstand für die Gesellschaft. Wenn wir über soziale Wirksamkeit reden, ist das ausreichend." (Manager, Endeavor Brasilien)

Diese Wirkung wird dadurch verstärkt, dass Unternehmen nach einer erhaltenen Unterstützung von Endeavor später oft selbst Beratungsdienste für Endeavor anbieten oder in Folgeprojekten kooperieren.[50]
Indem die Projekte und Programme von Endeavor versuchen, wirtschaftliches Wachstum durch die Ausbreitung von Unternehmerschaft zu befördern, beeinflusst Endeavor durch die Hilfe auch die Wirtschaft. Von Endeavor unter-

---

50   66% der Endeavor Unternehmer berieten oder investierten 2010 in andere Endeavor-Firmen (http://www.endeavor.org/impact/metrics, Zugriff 15.03.2012).

stützte Unternehmungen haben die Chance, das wirtschaftliche Potenzial ihrer eigenen Länder zu verbessern und Partner in globalen wirtschaftlichen Geschäften zu werden. Durch die Hilfe von Unternehmern in Schwellenländern irritiert Endeavor die Wirtschaft in einer sehr spezifischen Art und Weise: Sie eröffnet Chancen, welche die Wirtschaft auf Grundlage ihrer Eigendynamiken vermutlich nicht hätte aufspüren und nutzen können.

4.6 Schlussfolgerung und Ausblick

Unsere Analyse ist ein theoretischer und empirischer Beitrag zum Verständnis von Heterogenität in der Weltgesellschaft. Zusammenfassend möchten wir die wichtigsten drei Ergebnisse hervorheben. Erstens haben wir auf der theoretischen Ebene gezeigt, dass es durch die Verknüpfung von Erkenntnissen des Neoinstitutionalismus und der Systemtheorie möglich ist, sowohl die Spezifität von heterogenen Logiken der Weltgesellschaft als auch ihre Diffusion zu konzeptualisieren. Darüber hinaus erlaubt diese Kombination eine Beschreibung von Organisationen als autonom und zugleich in der Gesellschaft eingebettet.

Zweitens haben wir gezeigt wie Organisationen – zum Beispiel NPOs – in der Lage sind, mit Heterogenität umzugehen. Sie tolerieren Heterogenität in der Weltgesellschaft nicht einfach passiv, sondern nutzen sie produktiv und profitieren davon. Heterogenität kann tatsächlich vorteilhaft für ihre Entscheidungsprozesse werden: Profitorientierte Handlungen helfen Oxfam, humanitäre Leistungen zu erbringen und das konstitutive Prinzip von Endeavor ist die Übersetzung des Entwicklungshilfeauftrags in wirtschaftliche Zielsetzungen. Das schließt keine potenziellen Probleme aus, zeigt aber, dass Organisationsstrukturen in vielen Fällen gut geeignet sind, um in einer heterogenen Gesellschaft zu operieren.

Drittens haben wir gezeigt, dass Organisationen durch die Vermittlung heterogener Logiken in eigenem Interesse auch Logiken auf der Gesellschaftsebene vermitteln. Das bedeutet nicht, dass diese Logiken zusammenpassen oder konvergieren: eine ökonomische Entscheidung kann nach wie vor von einer humanitären Entscheidung divergieren. Dennoch können durch die organisationale Vermittlung Prozesse, die zu gegenseitiger Behinderung führen könnten, unterbunden werden und es werden bestimmte Bedingungen geschaffen, unter denen unterschiedliche Logiken einander sogar verstärken können.

Schließlich wollen wir als Ausblick drei Themen hervorheben, die von weiterer Forschung zu Heterogenität verfolgt werden können. Eine erste vielversprechende Richtung für organisationssoziologische Studien ist die Analyse anderer Formen der Vermittlung jenseits von Entkopplung und Übersetzung sowie die Analyse der organisationalen Strukturen und Prozesse, die sie ermöglichen. Unterschiedliche Organisationen gehen mit Heterogenität auf verschiedene Weise um. Dies zeigt bereits der Vergleich zwischen Oxfam und Endeavor. Um zu verstehen, wie unterschiedliche Formen des Umganges mit Heterogenität mit spezifischen organisationalen Strukturen in Beziehung stehen, bedarf es jedoch weiterer Untersuchungen. Warum kann Endeavor beispielsweise mit einer Form der Vermittlung operieren, die eine starke wirtschaftliche Orientierung impliziert? Warum ist es für einige NPOs möglich, sich auf eine Weise zu verhalten, die andere NPOs als widersprüchlich zu den zentralen Prinzipien von „Non-Profit" interpretieren? Weitere empirische Forschung ist nötig, um eine fundierte Antwort zu diesen Fragen liefern zu können.

Zweitens könnten weitere Studien die temporäre und fragmentierte Ordnung jenseits von Organisationen etwa in Netzwerken (Windeler 2001; Bommes 2006), organisationalen Feldern (DiMaggio/Powell 1983; Hoffman 1999) und Gemeinschaften (Haas 1992) untersuchen. Forschungsfragen, die sich den Formen und Strukturen widmen, die Netzwerke, Felder und Gemeinschaften dazu befähigen, zwischen Logiken zu vermitteln, könnten das Verständnis von Heterogenität in der modernen Gesellschaft bereichern.

Ein drittes wichtiges Forschungsfeld könnte die Analyse unterschiedlicher Quellen der Heterogenität in der Weltgesellschaft sein. Wir haben den zentralen Motor von Heterogenität der Moderne hervorgehoben: die Verschiedenheiten der Logiken von Funktionssystemen. Jedoch haben wir andere Ursprünge von Heterogenität vernachlässigt; diese existieren bereits innerhalb von Funktionssystemen: Während solche Systeme auf der operativen Ebene homogen sind, können sie interne strukturelle Differenzen entwickeln. Die Wissenschaft ist beispielsweise charakterisiert durch verschiedene Disziplinen und die Politik durch Nationalstaaten. Außerdem generieren Netzwerke, Felder und sogar Organisationen selbst Heterogenität. So tragen etwa Organisationen wie Oxfam und Endeavor zu einer Steigerung von Modellen des Umgangs mit Ungleichheit in sich entwickelnden Ländern bei. Netzwerke, Felder und Organisationen können somit als temporäre und fragmentierte Ordnungen aufgefasst werden, die zwischen heterogenen Logiken vermitteln, während sie gleichzeitig neue Formen der Heterogenität hervorbringen.

5 Moral, Ethik und Werte in unternehmerischen Innovationsprozessen

5.1 Einleitung

Dieser Beitrag startet mit der Idee, dass Innovation eng mit Moral, ethischer Reflexion und Werten verbunden ist. Innovation, die immer eine Veränderung beinhaltet, kann etablierte Werte in Frage stellen oder neue Normen erfordern. Das hängt damit zusammen, dass neue Technologien Spielräume für ethisches bzw. unethisches Verhalten eröffnen können. So verkompliziert etwa das Internet Probleme des Datenschutzes und die Reproduktionsmedizin erweitert die Entscheidungsmöglichkeiten in Fragen von Leben und Tod. Umgekehrt kann gerade im Rahmen von Innovationsprozessen, die durch hohe Unsicherheit charakterisiert sind, der Rekurs auf moralische Normen und Werte feste Anhaltspunkte anbieten. Allgemeiner formuliert: Um erfolgreich zu sein, braucht Innovation immer einen Anschluss an das Bestehende und in diesem Sinne können Moral, Ethik und Werte als diejenigen Elemente dienen, die Kontinuität gewährleisten. Innovationen stellen Brüche dar und Moral, Ethik und Werte scheinen nach wie vor ein wirksames Mittel zu sein, über Etabliertes mit „dem Neuen" umgehen zu können. Dabei scheinen sie Innovationen in manchen Fällen zu begünstigen, ja ein Motor für Innovationen zu werden (z.B. im Fall der erneuerbaren Energien) – moralische Bedenken, die als Anhaltspunkte dienen, scheinen aber in anderen Fällen technologische Innovationen zu bremsen (man denke etwa an die Stammzellenforschung).

Im Folgenden wird dieses Verhältnis für den Fall von Innovationsprozessen in Unternehmen untersucht. Diese spielen eine wichtige Rolle in der Entwicklung und Verbreitung von Innovationen, die heute nicht mehr nur auf die geistreichen Einfälle erfinderischer Persönlichkeiten zurückzuführen sind, sondern hauptsächlich in Organisationen und in Organisationsnetzwerken stattfinden (u.a. Rammert 1988; Tushman/Rosenkopf 1992; Kowol/Krohn 1995). Organisationen sind ein wichtiger Ort für Innovation, weil sie Ressourcen und Kompetenzen bündeln und Arbeitsketten koordinieren können, so dass auch Arbeitsprozesse ausgeführt werden, die etwa für die Produktion komplexer Techniken notwendig sind und nicht in flüchtigen interaktiven Kontexten stattfinden können. Insbesondere Unternehmen sind Orte der Innovation, weil Innovation in einer Innovationsgesellschaft (Hutter et al. 2016) oft eine notwendige Voraussetzung ist, um Profit zu erwirtschaften und deswegen immer unverzichtbarer wird. Gerade durch Innovationen können Organisationen jedoch neue Risiken erzeugen, die über die organisationalen Grenzen hinausgehen. Man denke an Atomkraftwerke, aber auch an innovative Finanzinstrumente wie „Derivate". Wenn Organisationen fehlschlagen und ihre gesellschaftliche und natürliche Umwelt bedrohen, dann wird von ihnen besonders laut eine Verantwortungsübernahme verlangt, unter anderem in Form von Appellen zur Entwicklung von zuverlässigen Technologien sowie zu einem korrekten Umgang mit Innovationen.

In diesen Fällen ist ein moralisches Verhalten stark gefragt: Unternehmen sollen verantwortlich sein, weil sie in unserer Gesellschaft mächtige Instanzen sind (Ortmann 2010a: 9-25). Aber Verantwortungsübernahme ist gerade in Unternehmen schwierig. Der Grund ist nicht oder nicht immer Gier oder Eigeninteresse von Einzelnen, sondern der Grund ist konstitutiv und hängt mit der Beschaffenheit der Organisation selbst zusammen. Denn um erfolgreich zu sein, folgen Unternehmen den spezifisch organisationalen Logiken der funktionellen Spezifität und der Effizienz. Entsprechend nennt Baumann Organisationen „adiaphorisch"[51] und drückt mit diesem Begriff aus, dass sie weder das Gute noch das Böse fördern, weil sie ihre Tätigkeiten an technischen, zweck- oder verfahrensorientierten Kriterien und nicht an moralischen Werte messen (Bauman 1993: 125).

Im Zentrum dieses Beitrages steht das Verhältnis zwischen Moral und Innovation, es geht aber nicht darum, ein normatives Modell einer Ethik der Innovation zu entwickeln, sondern soziologisch zu fragen, wie sich dieses Verhältnis in Unternehmen kommunikativ gestaltet. Insbesondere wird untersucht, in welchen Formen erscheinen und welche Funktionen haben Moral, Ethik und Werte in Innovationsprozessen. Die Untersuchung dieser Aspekte wird Aufschlüsse für die Beantwortung der Frage geben, inwiefern Moral, Ethik und Werte von Unternehmen ein Motor für Innovation sind bzw. diese hindern.

Der Beitrag ist so strukturiert, dass zuerst eine Definition von Innovation gegeben wird, die sowohl die Entwicklung als auch die Umsetzung und Verbreitung von Innovation umfasst (2). Dann werden drei soziologische Ansätze vorgestellt, die sich für die Analyse der zu untersuchenden Phänomene besonders eignen. Am Anfang steht die klassische soziologische Erklärung gesellschaftlicher Moral, die schon von Émile Durkheim ausgearbeitet wurde. Um die Rolle der Moral zu erfassen, verwendet diese den Begriff der Integration. Für Innovationsprozesse betont diese Theorie die Relevanz der Moral bei Akzeptanzfragen (3). Der zweite Ansatz, der herangezogen wird, ist der Vorschlag des soziologischen Neoinstitutionalismus, der den Begriff der Legitimität mit dem Begriff der Entkopplung kombiniert, um zu zeigen, dass legitimierte Normen und Werte oft ausschließlich als Lippenbekenntnis dienen. Auch im Falle von Innovation kann

---

51   Der Begriff adiaphoron bedeutet ursprünglich einen von der Kirche für indifferent erklärten Glauben oder Brauch, der daher keine Stellungnahme erfordert (Bauman 1993: 125).

man beobachten, wie wertgeladene Ziele Innovation legitimieren. Innovationsprozesse folgen aber einer eigenen Dynamik, die den Wertvorstellungen nicht
immer entspricht. Daraus entstehen Spielräume für Innovation (4). Schließlich
wird eine systemtheoretische Erklärung vorgeschlagen. Diese radikalisiert die
Figur der Legitimität/Entkopplung, weil sie mit der Idee von autonomen und
insofern grundsätzlich entkoppelten Systemen startet, um dann von dieser Autonomie ausgehend zu erklären, inwiefern und unter welchen systemischen Bedingungen Kopplungen zugelassen werden. Für Fragen der Moral bedeutet dies,
dass Unternehmen gesellschaftliche Werte ständig von ihren lokalen Logiken
und Strukturen ausgehend transformieren. Folglich wird auch das Verhältnis
zwischen Moral und Innovation komplex. Moral kann nicht immer als vereinigende Kraft dienen, sondern hat auch in Innovationsprozessen vielfältige Funktionen, die durch die Eigendynamik der Unternehmen bedingt sind. Diese Theorie
ermöglich auch, die Rolle ethischer Reflexion in Unternehmen zu analysieren
(5). Zum Schluss wird die Ausgangsfrage noch einmal aufgenommen und die
Ergebnisse der Analyse zusammenfassend dargestellt.

5.2 Innovation: Eine Definition

Innovation kann als Zweiheit verstanden werden; sie kann als Semantik oder auf
struktureller Ebene vorkommen (Besio/Jungmann 2014). Als Semantik wird Innovation heute in vielen gesellschaftlichen Diskursen verwendet um zu signalisieren,
dass etwas, ein Artefakt, nicht nur als neu, sondern auch als positiv folgenreich
wahrgenommen wird (Braun-Thürmann 2005: 6). Über Innovationen kann man
aber auch in Fällen reden, in denen keine strukturellen Änderungen vorliegen. Oft
werden etwa in den Massenmedien, in der Politik oder von einzelnen Unternehmen
Technologien als Innovationen angepriesen, die auf konventionellen Techniken
basieren und/oder gar nicht implementiert und marktreif wurden.

In diesem Beitrag werden aber nicht so sehr Innovationsdiskurse, sondern
vielmehr strukturelle und insbesondere technologische Innovationen fokussiert.
Mit dem Begriff der strukturellen Innovation wird betont, dass in diesem Fall
eine bloße Beschreibung von etwas als innovativ nicht ausreicht. Innovation auf
struktureller Ebene wird als ein komplexes Phänomen beschrieben, in dem etwas
Neues, von dem Bestehenden abweichendes hergestellt wird und dies zumindest
in einem sozialen Kontext angewendet wird. Als Abweichung kann man eine
neue Technik oder auch eine soziale Innovation wie z.B. ein neues Lernarrange-
ment fassen, als Anwendung kann man klassischerweise an eine kommerzielle
Anwendung denken oder auch an eine Anwendung etwa in der Wissenschaft
oder in der Pädagogik. Nach dieser Definition umfasst eine strukturelle Innovation, um eine solche zu sein, sowohl eine Erfindung und entsprechende Entwick-

lung als auch ihre Umsetzung und Anwendung. Für eine strukturelle Innovation reicht weder die bloße Beschreibung von etwas als Innovation ohne eine strukturelle Entsprechung, noch umgekehrt eine bloße Änderung oder ein stillschweigender Wandel[52] ohne die Bezeichnung der Veränderung als Innovation. Das bedeutet, dass wir es nur dann mit strukturellen Innovationsprozessen zu tun haben, wenn sowohl struktureller Wandel als auch eine spezifische Beobachtung dieses Geschehens erfolgt (Rammert 2010: 13). Strukturelle Innovation (im Folgenden einfach „Innovation" genannt) impliziert demnach gleichzeitig eine Neuerung und ihre ausgesprochene Beobachtung.

Ausgehend von dieser Definition kann man die Rolle von Unternehmen in Innovationsprozessen präzisieren. Ihre Innovationsfähigkeit betrifft sowohl das Vermögen, Innovation zu generieren als auch sie zu verbreitern (Blättel-Mink/Menez 2015: 200-201). Zunächst spielen Organisationen eine wichtige Rolle in der Phase der Erfindung und Entwicklung eines neuen Produktes. In dieser Phase können sie Ressourcen zur Verfügung stellen und Spielräume für kreatives Handeln mehr oder weniger offen lassen. Ausgehend von ihren Strukturen und Leitbildern definieren sie zugleich, in welche Richtung Innovation gehen soll. Die Frage, wie Organisationen Innovationen managen können, so dass einerseits Kreativität und Heterogenität zugelassen wird und andererseits aber ein Nutzen für das Unternehmen entsteht, ist eine zentrale Frage der Innovationsforschung und wird bis heute debattiert (Rammert 1988; Ortmann 1999; Kamoche/Pina e Cunha 2001; Stark 2009). Organisationen tragen aber auch zur Selektion, Erprobung, Implementierung, Umsetzung und Verbreitung von neuen Techniken oder Managementinstrumenten bei, weil sie mächtige Akteure sind, die die Güte von Artefakten nach eigenen Kriterien evaluieren und gegebenenfalls in ihre Arbeits- und Produktionsprozesse einführen (Besio/Jungmann 2014; Braun-Thürmann 2005: 15; Teece 2009; Tushman/Rosenkopf 1992). Dieses kann auch als lang andauernder Prozess aufgefasst werden, in dem das neue Artefakt sowie ältere Strukturen der Organisation schrittweise geändert und einander angepasst werden.

Unternehmen sind bei Innovationsprozessen zentral, sie handeln aber nie in einem leeren Raum, sondern sind in weitere gesellschaftliche Kontexte eingebettet. Um Innovationsprozesse umfassend zu verstehen, sollen diese verschiedenen Ebenen, wie politische Dynamiken, netzwerkartige Verbindungen, Marktprozesse usw. berücksichtig werden (Blättel-Mink/Menez 2015: 203-208; Rammert 2008). Auch Moral und die ethische Reflexion spielen eine Rolle und gerade diese oft genannte, aber selten untersuchte Dimension wird in diesem Beitrag behandelt.

---

52   Zur Unterscheidung zwischen Innovation und Wandel siehe Zapf 1989: 177-178.

5.3 Die Akzeptanz von Innovation

Die Rolle der Moral bei Innovationsprozessen kann zunächst mit dem kultursoziologischen Ansatz erklärt werden, der in erster Linie von Émile Durkheim und später von Talcott Parsons ausgearbeitet wurde. Dieser Ansatz betont die Rolle von Moral, Werten und Normen für die Integration der Gesellschaft.

Für Durkheim ist Moral dasjenige Element, das eine Gesellschaft zusammenhält. Auch die moderne Gesellschaft braucht Moral, um seine verschiedenartigen Teile zu verbinden (Durkheim 1988 [1930]: 162-184). Ohne Moral verbreitet sich strategisches Verhalten, das einzig die Erfüllung von partikulären Interessen anstrebt. Soziale Ordnung kann aber nur gewährleistet werden, wenn Individuen nicht egoistisch handeln, sondern sich solidarisch verhalten und infolgedessen soziale Werte und die daraus abgeleiteten Verhaltensnormen akzeptieren und als Grundlage ihres Handelns nehmen. Das heißt moralische Solidarität. Moral vermeidet, dass Individuen auseinanderdriften, miteinander konfligieren und koordinierte Handlungen verunmöglichen. Wenn Moral verfällt, besteht das Risiko der Desintegration. So befürchtet Durkheim, dass die egoistische Orientierung, die radikale Verfolgung eigener Interessen, die er in der Wirtschaft und bei den wirtschaftlichen Akteuren seiner Zeit beobachtet (Durkheim 1988 [1930]: 421-442; Durkheim 1992 [1957]: 1-13), die Stabilität der Gesellschaft als Ganze bedrohen kann. Wenn Manager, Arbeiter, Angestellte und gesamte Unternehmen nicht mehr moralisch handeln, werden sie eine Gefahr für sich selbst und die ganze Gesellschaft.

Ähnlich sind Werte bei Talcott Parsons unabdingbar für die Aufrechterhaltung sozialer Ordnung. In „The structure of social action" (1968 [1937]: 43-51; 87-94) wird deutlich, wie für ihn Moralität in Bezug auf Normen zu verstehen ist: Soziale Ordnung kann fortbestehen, wenn sich Handlungen an Normen und den darin latent enthaltenen Werten orientieren. Ohne Normen gibt es keine stabile Gesellschaft. Diese Normen werden nicht strategisch befolgt, sondern aufgrund einer moralischen Verpflichtung der Menschen (Andersen 1990: 323). Das gründet in einer gelungenen Sozialisation, die bewirkt, dass Individuen diejenigen Werte verinnerlichen, die in einer Gesellschaft als legitim erachtet werden. Die Menschen wollen das, was sie sollen.

Nach Parsons gilt für Organisationen dasselbe (1956). Auch Unternehmen können nur weiter bestehen, wenn sie gesellschaftlich anerkannte Werte und Normen übernehmen. Sie können ihre Mitarbeiter nur insofern integrieren, als sie in ihre Anreizsysteme anerkannte Werte übernehmen und entsprechende Belohnungen vorsehen und etwa bestimmte Sicherheitsmaßnahmen einführen und auf gesellschaftlich unerlaubte Sanktionen verzichten. Nur wenn sie anerkannten Werten entsprechen, können Unternehmen Mitarbeiter motivieren und breite Unterstützung finden.

In dieser Zugangsweise wird die starke Verbindung und Konvergenz zwischen gesellschaftlichen Normen und Organisationen und letztendlich auch zwischen jeder Organisation und den Überzeugungen ihrer Mitglieder betont. Die verschiedenen Ebenen des Unternehmens, die der gesellschaftlichen Instanzen in ihrer Umwelt und die der Individuen als Mitglieder, werden als stark integriert aufgefasst, weil sie an dieselben Werte gebunden sind. Wenn das nicht der Fall ist, ist soziale Ordnung gefährdet. Damit geht einher, dass dies, da Moral die Funktion des Zusammenhaltes der Gesellschaft hat, mit einem positiv wertenden Sinn begleitet wird (dazu: Luhmann 2008 [1992]: 15).

Ausgehend von dieser Perspektive soll Innovation, um überhaupt zustande zu kommen, auf die bestehenden Werte und insbesondere auf moralische Werte Bezug nehmen. So überleben und florieren diejenigen Unternehmen, die Technologien produzieren, die Akzeptanz finden und deswegen verkauft und angewendet werden. Dies ist nicht immer auf ein strategisches Nutzenkalkül zurückzuführen, sondern vielmehr auf eine quasi selbstverständliche Orientierung an gesellschaftlichen Werten, die etwa in der Kultur bestimmter Unternehmen verankert ist. Man denke an kleine und mittlere Unternehmen, die im Bercich grüner Technologien von überzeugten Gründern ins Leben gerufen werden und ihre unternehmerischen Tätigkeiten an Werten wie Nachhaltigkeit und Umweltschutz ausrichten (Phillips 2013). Umgekehrt kann ein Produkt, selbst wenn es technisch als einwandfrei gilt, nur mit Schwierigkeiten eingeführt werden, wenn es mit den moralischen Werten einer Gesellschaft oder mit denen von relevanten Zielgruppen und Stakeholdern nicht vereinbar ist. In der Phase, in der Akteure eine Einstellung zur Innovation entwickeln, zählt nicht nur, dass sie die neuen technischen Artefakte verstehen und darin ein Nutzen bzw. einen persönlichen Vorteil sehen, sondern auch, dass sie Innovation als an ihre Werte und Normen anschließbar betrachten (Rogers 2003).

Das ist von großer Relevanz auch deshalb, weil angesichts der Unsicherheiten der technischen Evaluation von komplexen Technologien und des entsprechenden Konflikts zwischen Experten eine rein technische Schätzung häufig nicht möglich ist und erst soziale Aspekte wie Interessen oder auch Werte die Kriterien für die Beurteilung eines Artefaktes bestimmen bzw. framen.[53]

Diese Perspektive ermöglicht es, vor allem die Phase der Implementation bzw. Verbreitung eines neuen Artefakts zu berücksichtigen. Aber auch die Phase der Entstehung von Innovation ist wertgeladen. Zunächst kann Innovation selbst

---

[53] Dies ist ein zentraler Befund der soziologischen Innovationsforschung, die, allerdings ohne insbesondere auf Werte aufmerksam zu machen, gezeigt hat, dass Innovationsprozesse nie im Sinne eines technologischen Determinismus, der zur Durchsetzung der besten Technologie führt, zu erklären sind, sondern durch und durch sozial geprägt verlaufen (Braun-Thürmann 2005; Rammert 2008; Tushman/ Rosenkopf 1992).

oder können innovationsaffine Werte wie Kreativität oder Fehlerfreundlichkeit innovationsfördernd wirken. Die positive Deutung des Neuen ist ein Charakteristikum der Innovationsgesellschaft (Hutter et al. 2015). Oft reicht dies aber nicht und erst die Verbindung zu anderen Wertvorstellungen ermöglicht das Ausprobieren einer Neuerung. So sind etwa Unternehmen, die ein konstruktives, partizipatives und mitarbeiterorientiertes Klima gewährleisten, in der Tendenz innovativer (Eigenstetter/Löhr 2008: 22).

5.4 Spielräume für Innovation

Die Theorie der Integration überzeugt aber nicht, weil sie zu viel Einheitlichkeit und Stabilität auf der Ebene der Werte unterstellt; Werte solche Eigenschaften aber in unserer Gesellschaft nicht haben. Vielmehr sind sie vielfältig, fragmentiert, instabil, schwer zu priorisieren und können einander sogar widersprechen (u.a. Luckmann 1998; Eisenstadt 2006; Bergmann/Luckmann 1999; Luhmann 1997: 401-402). Sie sind zudem abstrakt, lassen große Interpretationsspielräume offen und bieten keine direkten Handlungsanleitungen (Luhmann 1997: 800). Anstelle von gemeinsam geteilten Werten hat man heute verschiedene Stakeholder, die für unterschiedliche Werte wie Wachstum, Gerechtigkeit, Nachhaltigkeit usw. plädieren und aufgrund dieser Werte zu unterschiedlichen moralischen Urteilen kommen.
Darüber hinaus ist die moderne Gesellschaft durch eine derartige Komplexität von Ursachen und Wirkungen charakterisiert, dass ihre Dynamik nicht auf moralisch korrektes bzw. inkorrektes Verhalten von Einzelnen (auch nicht von einzelnen Unternehmen) zurückzuführen ist. Es scheint plausibler, davon auszugehen, dass auch und vor allem andere Logiken für Anschluss und damit für soziale Ordnung sorgen: ökonomische, politische und wissenschaftliche Logiken aber auch organisationale Eigendynamiken der Effizienz (u.a. Luhmann 1997: 743-758; Luhmann 1993a: 76-80; Luhmann 2008 [1993]: 163-174). Kommunikationsprozesse, die durch diese Logiken geleitet werden, können amoralisch verlaufen, führen aber nicht zur Desintegration gesellschaftlicher Kontexte. Die traditionelle Idee, dass Moral Integration bewirkt und, dass folglich die Präsenz von moralischen Werten in allen sozialen Zusammenhängen notwendig sei, unterschätzt einerseits die Anschlussfähigkeit anderer Logiken, und kann andererseits Widersprüche zwischen Moral und anderen Logiken nicht erfassen.
Der soziologische Neoinstitutionalismus bietet durch die Begriffe der Legitimität und der Entkopplung eine Alternative zur Erklärung der Rolle von Moral und Werten in Organisationen an, die diesen Feststellungen Rechnung trägt. Nach diesem Ansatz gestalten Organisationen (aber auch Individuen und Staaten) sich selbst und ihre Strukturen ausgehend von Deutungs- und Verhaltensmustern, die in der Gesellschaft als rational gelten und aus diesem Grund unhin-

terfragt sind (Meyer/Jepperson 2000; Meyer et al. 1997a). Dies legitimiert ihre Handlungen; sie werden als wertvolle Gesprächspartner anerkannt und bekommen externe sowie interne Unterstützung für ihre Entscheidungen. Das führt dazu, dass Unternehmen ähnliche Verhaltensmuster übernehmen und einander dadurch immer ähnlicher, isomorph werden.

Allerdings ist es für Organisationen unmöglich, alle an sie gerichteten wertgeladenen Erwartungen getreu zu übernehmen, weil sie vielfältig, abstrakt und ggf. sogar widersprüchlich sind (Besio/Meyer 2015). Außerdem gilt für Organisationen, dass Normen und Wertvorstellungen mit der organisationalen Logik der Effizienz inkompatibel sein können und ihre Übernahme kann die Ausübung der Tätigkeiten der Organisation verkomplizieren oder gar behindern (Meyer/Rowan 1977). Aus diesen Gründen findet Entkopplung statt und Werte dienen zwar als Fassade, aber beeinflussen die Entscheidungsprozesse im Kern eines Unternehmens nicht. Durch den Bezug auf Werte erlangt das Unternehmen Anerkennung, Werte müssen aber nicht unbedingt als Entscheidungskriterien fungieren und Handlungen bestimmen. Das bedeutet wiederum, dass Entscheidungsprozesse de facto durch andere Logiken koordiniert werden.

Im Einklang mit der soziologischen Tradition gelten aus der Perspektiven des Neoinstitutionalismus Unternehmen als legitim, wenn sie überzeugend zeigen, dass sie gesellschaftlich etablierten Werten entsprechen; im Gegensatz dazu müssen sie diese aber nicht konkret in ihren Entscheidungsprozessen anwenden. Form und Grad von Isomorphie und Entkopplung sind aber unterschiedlich und in manchen Fällen wirken externe Verhaltensmuster auf Entscheidungen und Handlungen und werden sogar in die informellen Strukturen hineinkopiert, während die wertgeladene Fassade in anderen Fällen eine solche bleibt. So kann man zeigen, dass Unternehmen nur einige Aspekte der anerkannten Muster ansprechen, während sie andere vernachlässigen.

Durch die Figur der Isomorphie, die auf Legitimität gründet, kann der Neoinstitutionalismus dem Umstand Rechnung tragen, dass Organisationen anerkannte kulturelle Muster übernehmen. Isomorphie-Prozesse bewirken eine „Zähmung" der Organisationen durch Imitation und verringern somit ihre Konfliktbereitschaft (Meyer et al. 1997a). Moral und Werte fungieren noch als allgemeine Orientierung. Der Begriff der Entkopplung ermöglicht es aber, das, was vorher als integriert gedacht wurde, als getrennt zu denken. Organisationen zeigen zwar, dass sie bestimmten Wertvorstellungen entsprechen, können aber gegebenenfalls ganz anders handeln.

Für Innovationsprozesse insbesondere gilt dann, dass Unternehmen etwa in ihren Verhaltenskodizes Werte wie Umweltschutz festschreiben und in ihrer öffentlichen Darstellung deklarieren, dass sie umweltfreundliche Technologien entwickeln und entsprechende Projekte bzw. Organisationseinheiten finanzieren. Dies muss aber nicht dem tatsächlichen Verlauf ihrer Entscheidungs-, Arbeits-

und Produktionsprozesse entsprechen. Auch in diesem Fall variieren Form und Grad von Isomorphie und Entkopplung.

So kann man neoinstitutionalistisch etwa erklären, wie Firmen entstehen, die in ihrer Kultur den Wert des Umweltschutzes so stark verankert haben, dass sich dies tatsächlich in ihrer Handlungsweise und in ihren Produkten widerspiegelt (Guggenheim 2005: 59-78; Mautz et al. 2008: 33-47; Phillips 2013). In diesen Fällen unterstützt die Übernahme von externen Werten in die Unternehmensstrukturen die Akzeptanz von Neuheiten – genau so, wie der im vorherigen Kapitel dargestellte Ansatz vorsieht.

Gleichzeitig können aber auch Fälle beobachtet werden, in denen es eine Diskrepanz zwischen formaler Darstellung und den Kernoperationen gibt – und dies ist das Besondere dieses Ansatzes, was am Beispiel des Wertes der „Nachhaltigkeit" besonders gut zeigen kann. So legen Firmen Werte wie Nachhaltigkeit in ihrer Selbstbeschreibung fest, aber die Interpretation darüber, wann eine Technologie nachhaltig ist, ist strittig. Folglich werden in Nachhaltigkeitsberichten auch Projekte als nachhaltig eingetragen, die nur beschränkt als solche oder sogar als besonders problematisch gelten. So werden z.B. von Energiekonzernen Techniken der CO_2-Speicherung, die die Lagerung von CO_2 unter der Erde ermöglichen, als wichtiger Beitrag im Kampf gegen den Klimawandel verzeichnet (Besio 2014a). Diese Techniken werden zwar als eine besondere Konkretisierung des Wertes der Nachhaltigkeit dargestellt, gelten aber in Umweltschutzkreisen als höchst kontrovers. Einige NGOs stufen solche Projekte als riskant ein, weil sie technologisch unreif und bezüglich möglicher Nebenfolgen unsicher sind. Vor allem aber verlängern sie die Möglichkeit der Nutzung von Kohlekraftwerken. Der Bezug auf Moral fördert in diesen Fällen nicht unbedingt Innovation, sondern dient vielmehr der Fortsetzung etalierter Handlungsmuster.

Es gibt aber eine dritte Konstellation, die durch Rekurs auf den Neoinstitutionalismus erklärt werden kann, die hier von besonderem Interesse ist. Der Bezug auf Moral, sei es nur formal, sei es konkret, macht Innovation legitim. Da aber im Sinne des Neoinstitutionalismus dieser Bezug die tatsächlichen internen Operationen der Organisation nicht betreffen muss, kann dieser Ansatz erklären, wie Moral in manchen Fällen zwar Legitimation verschafft, aber durch Entkopplung in der Organisation gleichzeitig Freiraum für Kreativität bzw. für die Entfaltung von anderen Logiken entsteht. So gehen Unternehmen mit der Pluralität der gesellschaftlichen Anforderungen in manchen Fällen um, indem sie besondere Unternehmenseinheiten mit Aufgaben betrauen, die zur Realisierung bestimmter Werte führen sollen. Typischerweise initiieren z.B. Energiekonzerne innovative Projekte im Bereich der erneuerbaren Energien, diese sind aber finanziell beschränkt und oft in Abteilungen angesiedelt, die getrennt von anderen Unternehmenseinheiten arbeiten, so dass die Kerntätigkeiten des Unternehmens davon unangetastet bleiben. Diese Projekte sind mit dem Rest der Organisation nur lose gekoppelt. Die Strategie der projektförmigen Förderung verschiedener nachhaltiger Technologien zur Entwicklung von einem Portfolio von heterogenen Projekten (Besio 2014a; Weinhofer/Hoffmann 2010) ermöglicht es, einen Vorrat an wissenschaftlichen und technologischen Kompetenzen zu entwickeln, auf den gegebenenfalls zurückgegriffen werden kann. Verschiedene Projekte können sich unterschiedlichen Innovationsprozessen widmen (O'Reilly/Tushman 2013). Jedes Projekt kann eine spezielle und auch teilweise riskante technologische Entwicklung angehen, weil aufgrund der losen Kopplung seine Ergebnisse nicht unmittelbar Konsequenzen für die gesamte Organisation, etwa für die Produktion haben. Folglich kann die Organisation mehr Varietät ertragen und zulassen. Vor allem in der Phase der Entwicklung und der ersten Erprobung von Technologien sind solche Spielräume von basaler Relevanz, denn in solchen Phasen kann das Neue für die Organisation bedrohlich erscheinen, beispielweise weil seine Implementation die Kompetenzen mancher Mitglieder überflüssig machen könnte (Besio/Jungmann 2014).

5.5 Moral, Ethik, Werte und Innovation: ein komplexes Verhältnis

Der Neoinstitutionalismus ist zwar in erster Linie an Prozessen der Isomorphie interessiert, erkennt aber durch den Begriff der Entkopplung, dass Moral legitimatorisch, aber nicht unbedingt integrativ wirkt. Entkopplungsprozesse und die Varietät der Reaktionen von Organisationen werden empirisch beobachtet und inzwischen sind im Verhältnis zu den früheren Werken auch Begriffe zur Beschreibung dieser Phänomene verfügbar. Vor allem die Forschung zur „institutional work" (Lawrence/Suddaby 2006) beschäftigt sich mit Prozessen der Änderung, Entwicklung und Aufrechterhaltung von Institutionen. Diese Forschungslinie betont vor allem Macht und Interessen der Akteure und zeigt, wie diese Elemente die Möglichkeit zur Veränderungen von Normen in Organisationen und in organisationalen Feldern schaffen. Darüber hinaus zeigen Begriffe wie die der „translation" (Czarniawska/Sevón 1996) und der „endogenous law" (Edelman 2005), dass Änderungsprozesse umfassender sind und durch die ununterbrochene Eigendynamik von Organisationen geprägt werden, die nicht nur strategische Handlungen, sondern auch Praktiken, Strukturen und Deutungsmuster umfasst.

Diese Begriffe ermöglichen zwar zu beschreiben, dass eine Transformation von Institutionen kontinuierlich stattfindet, aber sie können nicht erklären, wie dies geschieht. Was fehlt, ist eine Begrifflichkeit, die die Eigendynamik der Organisation erfassen könnte. Folgende Fragen bleiben offen: Woraus besteht die spezifische Selektivität von Organisationen und insbesondere von Unternehmen? Wie wird dort Kommunikation koordiniert, wenn nicht über Werte? Wie wird zwischen organisationalen Strukturen und Werten vermittelt? Um diese Fragen zu beantworten, rekurriere ich auf die Systemtheorie von Niklas Luhmann.

Während der Neoinstitutionalismus mit Isomorphie argumentiert und gegebenenfalls Entkopplung beobachtet, setzt die Systemtheorie dezidiert bei der Trennung der Systeme an. Sie betont, dass soziale Systeme, und damit auch Organisationen, durch Eigenlogiken koordiniert werden, die mit Moral und Werten nicht vereinbar sein müssen. In der modernen Gesellschaft gibt es weite Bereiche der moralisch normfreien Sozialität, so gilt dann etwa das Geld als Koordinationsmechanismus ohne Moral, aber auch Organisation als Logik, die jenseits der Moral operiert. Das stellt einen Begriff der Legitimität, der nur auf Moral gründet, in Frage, weil Legitimation auch durch Verfahren, d.h. durch die institutionalisierte Operationsweise von verschiedenen Systemen (Gerichtsverfahren, Verträge, Wahlen usw.) erreicht wird. Die Eigendynamiken von Systemen wie Politik, Wissenschaft und Organisationen schaffen soziale Ordnung. Auch die Wirtschaft ist nicht anomisch und tendiert nicht zur Desintegration, sondern ist ein autonomes System, das durch seine inneren Prozesse Anschluss gewährleistet. Soziale Ordnung entsteht auch ohne Moral und zwar primär durch die Codes von Funktionssystemen, die nicht mit Moral kongruent sein müssen (Luhmann 1997: 743-758; Luhmann 1993a: 76-80; Luhmann 2008 [1993]: 163-174).

Als Folge kann man nicht mehr von einer homogenen sozialen Realität ausgehen. Während die traditionelle Idee der Integration und der neoinstitutionalistische Begriff der Isomorphie eher Harmonie und die vereinigende Kraft der Moral betonen, sieht Luhmann Moral als eine Kommunikationsform unter anderen, die zwar gesellschaftsweit operiert, aber keine besondere Stellung hat. Es gibt keine Hierarchie der Systeme, an deren Spitze Moral steht. Davon ausgehend kann die Luhmann'sche Systemtheorie zeigen, dass Moral in bestimmten Kontexten legitimierend wirken kann, sie hebt aber zudem hervor, dass Moral unter Umständen polemogen[54] ist (Jäger/Coffin 2011; Fuchs 2010): Moral wirkt nicht immer vereinigend, vielmehr können unterschiedliche Moralvorstellungen unvereinbar sein und moralische Kommunikation kann im Widerspruch zu anderen Logiken stehen. Das entzündet Konflikte. Sowohl die legitimierende als auch die polemogene Kraft der Moral können für Innovationsprozesse in Unternehmen von Relevanz sein.

5.5.1 Unternehmen als autonome Systeme

Die Systemtheorie geht von autonomen Systemen aus. Folglich kann man auch Unternehmen als autonome Systeme mit einer eigenen spezifischen Logik auffassen. Das bedeutet zunächst, dass sie in Bezug auf die Individuen, die ihre Mitglieder sind, emergent sind und einer Eigenlogik folgen. Unternehmen und

---

54   Luhmann übernimmt diesen Begriff von Julien Freund (Luhmann 2008 [1978]: 111.)

deren Mitglieder müssen nicht über gemeinsame Werte integriert sein. Unternehmen sind getrennt und entkoppelt von ihren Mitgliedern in dem Sinne, dass sie nicht aus Individuen, sondern aus kommunikativen Entscheidungen bestehen und ihre Entscheidungen nicht auf die Summe der Entscheidungen ihrer Mitglieder zurückzuführen sind (Luhmann 2000: 39-80). Zudem sind Unternehmen von ihrer gesellschaftlichen Umwelt getrennt. Ihre Strukturen, nicht einmal ihre formalen Strukturen, können nicht auf externe Logiken zurückgeführt werden. Sie übernehmen bzw. widerspiegeln nie Modelle, die in der Umwelt vorgefertigt werden, sondern interpretieren, verändern, filtern und verwandeln sie in etwas, mit dem sie umgehen können (Besio 2014a; Besio/Meyer 2015). Folglich kann keine externe Logik ihre Entscheidungen festlegen: weder kann der Markt ihnen Entscheidungen (etwa über Preise) aufzwingen, noch können dies Werte mit einer moralischen Valenz.

Entkopplung, so wie diese im Neoinstitutionalismus beschrieben wird, trifft hier nicht nur zu, sondern ist konstitutiv. Bloßes Kopieren ist ausgeschlossen. Organisationen sind nie passiv. Das impliziert aber nicht, dass Unternehmen indifferent gegenüber ihren Mitgliedern und ihrer gesellschaftlichen Umwelt sind: im Gegenteil, sie brauchen beide als Voraussetzung, um operieren zu können. Unternehmen berücksichtigen ihre Mitglieder und die gesellschaftliche Umwelt aber nur über ihre eigene Logiken, Strukturen und Relevanzkriterien. Ausgehend von der Autonomie kann eine Kopplung hergestellt werden und können die Bedingungen festgelegt werden, unter denen Einfluss zugelassen wird. Das gilt auch für die moralischen Vorstellungen ihrer Mitglieder und die Werte, die in der gesellschaftlichen Umwelt etwa durch die Massenmedien oder durch Interessengruppen transportiert werden. Das Verhältnis ist immer vermittelt. Folglich sollte man nicht nach der Moralfähigkeit der Einzelnen oder nach der Moral der Gesellschaft fragen, wenn man die Moral und die Ethik der Unternehmen untersuchen will, sondern zuerst unternehmerische Logiken untersuchen, denn sie verwandeln alles andere in ihre Sprache, Verhaltensmuster und Strukturen. Daraus entsteht die Frage: In welche Formen und Funktionen respezifizieren Unternehmen Moral und Ethik?

5.5.2   *Moral und Ethik in der Systemtheorie*

Luhmann bestreitet eine gesellschaftsweite integrative Funktion der Moral. Moral ist keine Ansammlung von Werten in einer Gesellschaft, die institutionalisiert und internalisiert werden sollen, damit soziale Gebilde wie Organisationen überhaupt funktionieren können. Moral wird als eine spezifische Kommunikationsform definiert, die sich an dem Code gut/schlecht orientiert. Wenn moralische Urteile auf Personen angewendet werden, dann führt moralische Kommunikation zu Achtung bzw. Missachtung (Luhmann 2008 [1978]: 97-107). Werte spielen bei der Moral aber eine wichtige Rolle, weil sie zu den Kriterien gehören, die es ermöglichen, moralische Urteile zu fällen. Sie sind zentrale Elemente, die darüber befinden können was gut und was böse ist und unter welchen Voraussetzungen Achtung oder Missachtung erteilt wird (Fuchs 2010: 11-23). Moralische Werte sind aber vielfältig und stabile Prioritäten können nicht ausgemacht werden. Das impliziert, dass sie im Fall von Konflikten nicht zu einer Entscheidung führen können, sondern Konflikte vielmehr anstacheln. Außerdem sind Werte so abstrakt, dass aus ihnen keine Handlungsanweisungen abgeleitet werden können. Werte allein sind noch keine Entscheidungsprogramme (Luhmann 1997: 800): Im Namen des Friedens kann man alles Mögliche zulassen.

Die Systemtheorie bietet auch ein spezifisches Verständnis von Ethik an. Während moralische Kommunikation unreflektiert erfolgt, ist moderne Ethik die Reflexion über Moral, die darauf abzielt, sie universell zu begründen (Luhmann 2008 [1990]: 264). Die Notwendigkeit einer solchen Begründung ergibt sich daraus, dass es in der Moderne gesellschaftsweit keine einheitliche Moral und gemeinsamen Werte mehr gibt. Der Ethik gelingt es aber nicht, Moral zu generalisieren und universell zu begründen, sondern die ethische Reflexion erzeugt sogar neue Zweifel, weil es verschiedene Ethiken gibt, die jeweils zu unterschiedlichen Schlüssen kommen. Ein solches Verständnis von Ethik ermöglicht es, höchst reflexive Praktiken der Beobachtung von Moral in Organisationen zu erfassen.

Obwohl Moral nicht notwendig ist, um soziale Ordnung zu gewährleisten, bleibt sie jedoch eine Kommunikationsform, die Legitimität schafft. Das hängt damit zusammen, dass sie nicht als partikular erscheint: Wer im Code der Moral kommuniziert, verfolgt nicht eigene Interessen, sondern zielt auf das Gute für alle. Gerade um das universelle Gute zu verfolgen, verliert aber Moral ihre Fähigkeit, konkrete Handlungsempfehlungen für spezifische Situationen zu geben. So kann man moralisch viel diskutieren, ohne, dass daraus klare Handlungsempfehlungen folgen würden. Moral kann zwar Entrüstung zeigen, sie kann Probleme aber nicht lösen: Sie gibt kaum präzise Handlungsanleitung. Gerade dieses Verständnis von Moral als Kommunikation, die Universalität verspricht, aber keine festen Anhaltspunkte bietet, wird hier als Ausgangspunkt genommen, um Funktionen und Risiken der Moral und der Ethik in Innovationsprozessen zu erfassen.

Dazu ist es hilfreich, auf die Bezeichnung der Moral von Luhmann als „fluides Medium" zurückzugreifen. Nach Luhmann wird das fluide Medium der Moral „dort ankristallisiert, wo Funktionssysteme ihm eine Funktion geben können" (Luhmann 2008 [1989]: 334). Unterschiedliche Funktionssysteme (Politik, Wirtschaft, Massenmedien usw.) können der Moral eine Form geben: Gerade weil Funktionssysteme amoralisch operieren, kann Moral in den Funktionssystemen dann nach deren jeweils spezifischen Bedingungen wieder eingeführt werden (Luhmann 2008 [1989]: 333). Autonomie der Funktionssysteme heißt eben nicht, dass Moral für ihre Operationen keine Bedeutung hätte. Aber welche Rolle sie spielt, richtet sich nach ihren jeweiligen Gegebenheiten. Z.B. wird im Sport Doping negativ moralisiert. Das hat damit zu tun, dass das Doping die Codierung des Sports (Sieg/Niederlage) in Frage zu stellen droht (Luhmann 1997: 402). Wenn der Code in Gefahr ist, wird moralisch schützend reagiert und auf diese Weise dringt Moral in das Funktionssystem hinein.

Ähnliches gilt für Organisationen und dort können engere Zusammenhänge zwischen Moral und Innovation vermutet werden. Um diese zu untersuchen, muss man organisationale Strukturen und Entscheidungsprozesse betrachten.

5.5.3   Formen der Moral und Ethik in Organisationen

Moral und Ethik kommen in Organisationen nur in Formen vor, die mit den organisationalen Eigenlogiken kompatibel sind. Organisationen werden hier als Systeme aufgefasst, die aus Entscheidungsprozessen bestehen (Luhmann 2000: 39-80). Entscheidungen über Zwecke, Investitionen, Mitgliedschaften usw. machen den Kern der Organisationen aus. Die eigene Logik von Organisationen als Kommunikationssysteme kann somit in der Reproduktion von Entscheidungen ausgemacht werden. Organisationen können ihre Entscheidungsprozesse aufrechterhalten, also zu Entscheidungen kommen, weil sie interne Strukturen entwickeln, die Unsicherheit so weit absorbieren, dass einzelne Entscheidungen darin Anhaltspunkte finden können. Organisationsstrukturen dienen nämlich als Entscheidungsprämissen. Typische Organisationsstrukturen, die durch Entscheidungen eingeführt werden, sind Hierarchien, Zwecke, Regeln, Abteilungsstrukturen usw. (Luhmann 2000: 222-255). Hinzu kommt die Kultur der Organisation als unentscheidbare Prämisse (Luhmann 2000: 239-249). Folglich können Organisationen nur das wahrnehmen, beobachten und verstehen, was mit Organisationszwecken, Regeln, Hierarchien und Ressourcen kompatibel ist (Ortmann 2010a: 99) und was zu ihrer Kultur passt. Wenn vereinbar zu den restlichen, entschiedenen sowie unentscheidbaren Strukturen der Organisation, können moralische Werte und ethische Reflexion in beide, erstens (1) in die formalen Strukturen und zweitens (2) in die Organisationskultur einfließen.

1. Unternehmen können Werte in ihrer Zielsetzung verankern und als zentralen Bestandteil ihrer Selbstbeschreibung nach innen und nach außen anwenden. Heute ist es vor allem bei großen Konzernen schwer, Selbstbeschreibungen von Unternehmen zu finden, die nicht auf Werte rekurrieren (von Groddeck 2011b: 77-79). Darüber hinaus stehen spätestens seit dem CSR-Diskurs auch formalisierte Managementsysteme zur Verfügung, um Moral und Ethik in die Organisation einzuführen. Nach der etablierten Definition von Carroll (1979) umfasst

CSR die von der Gesellschaft geforderte ökonomische Verantwortung und Gesetzestreue, die erwartete ethische und die erwünschte philanthropische Verantwortung. Dementsprechend sind CSR-Instrumente vielfältig; hier interessieren vor allem diejenigen, die mit ethischer Verantwortung in Verbindung stehen wie Verpflichtungen zu internationalen Standards, Verhaltenskodizes, Nachhaltigkeitsberichte, Preise und Zertifizierungen, Ethikgremien und sogar Anreizsysteme, die Belohnungen an ethisches Verhalten binden usw.

Diese Instrumente werden durch Entscheidungen eingeführt, sie sind schriftlich, formalisiert, gelten offiziell und sollen in Entscheidungsprozessen in Anspruch genommen werden. Sie haben die Form von geläufigen Managementinstrumenten. So kann man heute, analog zum Rechnungswesen, auch Ethikbilanzen erstellen. Das ist mit der Beschaffenheit der Organisation kompatibel und führt dazu, dass solche Instrumente relativ problemlos übernommen werden können.

Außerdem können CSR-Instrumente und Standards bei der Pluralität der Werte und der Prioritäten, die verschiedene Kommunikationskontexte und Stakeholder setzen, hilfreich sein, weil sie, zumindest auf der Ebene von einzelnen Branchen, eine gewisse Stabilität aufweisen. Oft entstehen sie im Rahmen von Foren oder Gremien, an denen nicht nur Unternehmen, sondern hoch legitimierte internationale Organisationen und NGOs teilnehmen. Die formalen Strukturen der Ethik, die sich im CSR-Diskurs herauskristallisiert haben, sind ein Bündel von Moralvorstellungen, das ethisch reflektiert ist und deswegen Universalität zu garantieren scheint.

Wie im Neoinstitutionalismus einleuchtend erklärt wird, bedeutet aber formale Übernahme von CSR-Mustern nicht, dass diese auch angewendet werden. Die Instrumente der Ethik unterscheiden sich voneinander und sie werden auch unterschiedlich implementiert (Eigenstetter/Löhr 2008; Nijhof et al. 2003; Schwarz/Groß 2010; Shanahan/Khagram 2006). So reichen etwa Verhaltenskodizes von rein prinzipienorientierten Kodizes bis hin zu denjenigen, die Verhaltensregeln festlegen. Sie können begleitet werden von Strukturen wie Meldesystemen für Verstöße, Trainingsaktivitäten, die darauf abzielen, den Mitarbeitern Inhalte beizubringen und interne oder durch Externe durchgeführte Kontrollen. Oft aber bleiben sie einfach Absichtserklärungen und tasten die internen Strategien der Unternehmen nicht an.

Eine solche Entkopplung ist nicht ungewöhnlich, durch die formale Übernahme stehen aber dennoch bestimmte ethische Kriterien zur Verfügung, die etwa motivierend wirken können (Christensen et al. 2013). Nach Ortmann können in Organisationen sogar selbstverstärkende Prozesse der Moral beobachtet werden (Ortmann 2010a: 152-177). Diese nennt er „Engelskreise". So wie Teufelskreise zur Verstärkung von amoralischem Verhalten führen, können Engelskreise zur Steigerung der Moral führen. So stärkt Vertrauen Vertrauen, Fairness stärkt Fairness und einmal eingeführte Standards erleichtern die Einführung von weiteren Standards. Darüber hinaus werden Unternehmen, selbst wenn die Anwendung der formalen Strukturen der Ethik nicht immer kontrolliert und sanktioniert wird, die Kodizes haben, empfindlicher gegenüber Konflikten, die moralische Dilemmata enthalten (Eigenstetter/Löhr 2008: 25).

2. Moral tritt in die Organisation auch als Kultur ein. Werte gehören zur Kultur einer Organisation. In diesem Fall sind Werte nicht Gegenstand von Entscheidungen, sondern entstehen aus Anlass von Entscheidungen, als Korrelat davon. Kultur entsteht dort, wo Probleme auftauchen, die nicht durch Anweisungen gelöst werden können (Luhmann 2000: 241) und verfestigt sich mit der Zeit, wenn sich die gefundenen Lösungen bewähren (Schein 1985).

Einige Autoren sehen gerade in der Kultur die Hauptquelle der Moral der Organisation; eine Moral, die eben nicht formalisiert werden kann, weil sie kontextabhängig und situationsspezifisch ist (Clegg et al. 2007: 108-109; Poulton 2005). Dabei kann beobachtet werden, dass es einerseits Werte und entsprechende moralische Kommunikation gibt, die oft in Unternehmen zu finden sind. Ein weit verbreiteter Wert ist z.B. derjenige der Loyalität, der die reziproke Solidarität zwischen Mitarbeitern und Organisation ausdrückt. Mitarbeiter, die diesen Wert verletzen, wie whistleblower, werden moralisch missachtet und bekommen es mit erheblichen Schwierigkeiten zu tun. Andererseits kann man in einzelnen Organisationen recht unterschiedliche Wertvorstellungen vorfinden. Man hat es mit einem moralischen Pluralismus zu tun (Clegg et al. 2007). So können etwa die erwünschten Tugenden der Mitarbeiter variieren: von Pünktlichkeit und Gewissenhaftigkeit bis hin zu Risikobereitschaft, Kreativität und Wettbewerbsorientierung. Oder man kann in Unternehmen kirchliche Moral und Umweltprinzipien, aber auch eine „Schergenmoral" vorfinden. Werte sind auch in einer einzigen Organisation nicht homogen, sondern in Organisationen kreuzen und vernetzen sich verschiedene moralische Diskurse und Praktiken. Unterschiede können auf verschiedenartige Gruppendynamiken, aber auch auf der jeweiligen Kultur von verschiedenen Abteilungen gründen. Diese können gegebenenfalls von Werten von spezifischen Professionen geprägt werden. So überrascht es etwa nicht, dass Energiemanager mehr an Klimaschutzfragen interessiert sind als Manager der Finanzabteilungen (Cooremans 2008).

5.5.4 *Funktionen und Risiken von Moral, Ethik und Werten in Innovationsprozessen*

Moral, Ethik und Werte können nicht als vereinigende Kräfte dienen, die unterschiedliche Logiken vereinbaren. Stattdessen haben sie in Organisationen vielfältige Funktionen, die nur ausgehend von Organisationsdynamiken zu erklären sind. Im Folgendem wird auf vier Funktionen eingegangen, die in Innovations-prozessen relevant sind: Systemschutz, Orientierung, Motivation und Kritik.

5.5.4.1 Systemschutz

In der Auffassung des Neoinstitutionalismus können Werte Unternehmen wegen ihrer Fähigkeit zu legitimieren schützen. Schon bei Meyer und Rowan (1977) gilt, dass Organisationen, die Werte und Modelle aus der Umwelt übernehmen, selten in Frage gestellt werden und Unterstützung von anderen gesellschaftlichen Instanzen bekommen. Ganz grundlegend ermöglicht etwa der Bezug auf den Wert der Fairness, wirtschaftliche Transaktionen ohne strenge kontinuierliche Kontrolle von Verträgen durchzuführen. Moral kann somit einen Schutz für die Operationen des Systems bilden.

Nun gelten aber moderne Organisationen in erster Linie aufgrund ihrer funktionellen Spezifität (d.h. ihrer Fähigkeit, ihre Tätigkeiten auf jeweils spezifi-sche Zwecke hin zu orientieren) und ihrer Verfahren als angesehene Kommuni-kationspartner. Wenn man davon ausgeht, dass Organisationen durch ihre eige-nen Verfahren, die normalerweise mit Sachlichkeit und regelorientiertem Han-deln verbunden sind, legitim sind, kann man sich fragen, unter welchen Umstän-den sie Moral, Ethik und Werte dennoch brauchen. Moral ist in der Systemtheo-rie nicht die einzige Quelle der Legitimation, vielmehr fungiert sie als Zusatz[55]. Moral kann das normale Funktionieren der Organisation schützen, wird aber besonders wichtig, wenn andere Formen der Legitimation abgeschwächt sind. Organisationen sind wegen ihrer funktionalen Spezifität hoch geschätzt, können aufgrund von Fehlern und unerwünschten Nebenfolgen ihrer Tätigkeit aber durchaus unbeliebt werden und deswegen Rückendeckung in der Moral suchen. So reagieren Unternehmen, wenn sie in der öffentlichen Kritik stehen, oft mit der Einführung von ethischen Managementsystemen (für das Beispiel Nike siehe Scherer 2003: 18-47).

Im Allgemeinen sind Moral und Werte von entscheidender Bedeutung, wenn Unsicherheit herrscht (von Groddeck 2011b). Das ist aber bei der Phase der Generierung von Innovation immer der Fall, weil ihr Erfolg unsicher, ihre Wirkungen noch nicht erprobt und die damit verbundenen Kosten schwer zu kalkulieren sind. Das impliziert, dass Innovationsentscheidungen schwer zu rechtfertigen sind und Unternehmen sich damit unbeliebt machen können. An

---

55 Moral und Ethik können aber schwerlich als Ersatz für Kriterien wie die Qualität der Produkte gelten (Berens et al. 2007).

dieser Stelle kann Moral Unterstützung anbieten (Besio 2014b).[56] Zu betonen ist, dass Schutz nicht nur gegenüber der gesellschaftlichen Umwelt, sondern auch intern oft notwendig ist, vor allem in Entscheidungsprozessen, an denen verschiedene Abteilungen beteiligt sind. So können im Namen von Werten wie Gerechtigkeit oder Sicherheit Projekte initiiert und weiterverfolgt werden, obwohl eine technische und finanzielle Kalkulation sie (noch) nicht rechtfertigen würde (Besio 2014a). Da Werte und moralische Vorstellung heute kontextgebunden und instabil sind, ist jedoch der Schutz, der dadurch erreicht wird, weder allgemein gesichert noch von Dauer. Aus diesem Grund kann gerade der Bezug auf formalisierte Werte, die im Rahmen von CSR-Maßnahmen festgelegt wurden hilfreich sein, weil diese Werte als ethisch reflektiert gelten und zumindest eine gewisse Stabilität in relevanten Kontexten wie Branchen oder Feldern aufweisen.

Dies birgt aber spezifische Risiken. Durch moralische Kommunikation können Organisationen Interesse für Probleme zeigen und damit Unterstützung bekommen, aber da diese Kommunikation keine Handlungsanweisungen gibt, können sie Urteile suspendieren und Probleme verschieben. Für Unternehmen kann dies vorteilhaft sein, weil es etwa ermöglicht, in problematischen Situationen Zeit zu gewinnen. Wenn über bestimmte Entscheidungen zuerst ethisch reflektiert wird, kann man sogar von einem vorläufigen Verzicht auf Systemlogiken sprechen. Der verlängerte Verzicht auf Entscheidungen kann jedoch auf lange Sicht die Handlungsfähigkeit des Unternehmens beeinträchtigen (Besio 2014b; Ortmann 2010a: 253).

Schwerwiegender ist, dass Unternehmen, die moralisch scheinen, sich de facto sehr riskante Entscheidungen leisten können. Wenn der Moralcode bemüht wird, können Missstände oder Fehler leicht einzelnen Individuen zugerechnet werden. Dies geschieht oft bei Unternehmensskandalen oder auch beim Versagen von technischen Systemen. In diesen Fällen simplifiziert Moral die Suche nach Ursachen. Um Probleme zu lösen reicht es dann, Personen zu entfernen, Programme hingegen müssen nicht in Frage gestellt werden (Besio 2014b; Ortmann 2010a: 134-136). Dass durch diese Zuschreibung darauf verzichtet wird, die Ursachen für Missstände in den organisationalen Strukturen oder in ihrer technischen Infrastruktur zu suchen und entsprechend zu verbessern, kann sich auf lange Sicht nachteilig auswirken.

---

56 So wurden nach Luhmann zu Beginn der Neuzeit evolutionär unwahrscheinliche Verhaltensweisen, wie die empirische Forschung, zunächst an normative Erwartungsstrukturen gebunden. Durch die Verbindung mit etablierten Normen können Innovationen eingeführt werden (Luhmann 1975: 70).

5.5.4.2 Orientierung

Moral und Ethik können Themen kommunikationsfähig machen (Nassehi 2006: 374). Durch Verweis auf das Gute für alle werden Themen Objekte der Aufmerksamkeit, weil es sehr riskant ist, ein kommunikativ moralisch untermauertes Angebot abzulehnen. Eine Ablehnung würde nämlich Missachtung provozieren.

Moral als Logik, die zur Universalität strebt und Ethik, die versucht, Moral zu begründen, können Orientierungen anbieten, die schwer auszuschlagen sind. Auf diese Weise stellen sie Deutungsmuster zur Verfügung. Erst die Präsenz solcher Frames macht es möglich, überhaupt ethische Dilemmata wahrzunehmen und die Aufmerksamkeit der Organisation in bestimmte Richtungen zu lenken. Auch empirisch kann man beobachten, dass die Einführung von Ethikkodizes die Sensibilität für bestimmte Konflikte mit Konsumenten, Lieferanten oder Stakeholder erhöht (Eigenstetter/Löhr 2008: 27).

Solche Orientierungsgesichtspunkte lenken die Aufmerksamkeit und zugleich erleichtern sie bei aller Kontingenz der aktuellen Entscheidungen die Kommunikation, weil man wenigstens über unbestreitbare Ausgangspunkte verfügt (Luhmann 1984: 434). So werden Projekte der Forschungs- und Entwicklungsabteilungen in großen Energiekonzernen regelmäßig auf Nachhaltigkeit hin überprüft. Da die Überprüfung von Nachhaltigkeit nicht verweigert werden kann, definiert Nachhaltigkeit einen Spielraum für die Entscheidungsfindung (Besio 2014a). Diese ist dann aber wiederum kontingent, weil auch in diesem Fall der Wert nicht besagt, ob ein konkretes Projekt nachhaltig ist oder nicht. Dazu bedarf es technisch-ökonomischer Kalküle und können, da selbst diese mit Unsicherheit behaftet sind, andere kontextbezogene Faktoren herangezogen werden. Die Tatsache aber, dass der Wert zur Verfügung steht, gibt Anlass für eine solche Evaluation und rechtfertigt sie. Dieses Beispiel zeigt, wie bei Innovationsprozessen, die unter Umständen so weit gehen, dass die Organisation noch nicht weiß, welche Kriterien sie zu deren Evaluation heranziehen kann (Tushman/Rosenkopf 1992), Moral ebensolche Kriterien parat hält. In Situationen, in denen die organisationstypische Nutzenkalkulation (noch) nicht greift, können moralische Werte koordinierend wirken (Ortmann 2010b: 294-295).

Obwohl Ethik und Moral keine konkrete Entscheidung herbeiführen können, sollte ihre Relevanz in der Definition von Handlungsspielräumen nicht unterschätzt werden. Organisationen koordinieren Entscheidungsprozesse nicht nur und nicht in erste Linie, weil sie über technische und managerielle Prozeduren der Entscheidungsfindung verfügen, sondern weil ihre Strukturen darüber befinden, welche Probleme überhaupt Objekt von Entscheidungen werden sollen und welchen Aspekten dabei Aufmerksamkeit geschenkt werden soll (Simon/March 1993 [1958]: 4). An dieser Stelle können Werte als Orientierungspunkte zentral werden (von Groddeck 2011b; Schröder 2013). Während diese Werte einige Anforderungen fokussieren und Ressourcen in bestimmte Richtungen lenken, blenden sie gleichzeitig andere aus.

5.5.4.3 Motivation

Moral und Ethik scheinen auch wichtige Funktionen an der Schnittstelle zwischen Organisation und Mitgliedern zu haben (Wieland 2004: 20-21). Sie können als Elemente wirken, die Bindung, Identifizierung und somit Motivation fördern. Um dies systemtheoretisch zu erklären, kann man daran ansetzen, dass moralische Kommunikation zur Achtung bzw. Missachtung von Personen als Ganzes führen kann. Ein moralisches Urteil betrifft nicht einzelne Kompetenzen oder Leistungen, sondern eine ganze Person. Dies kann Individuen stark berühren und deswegen ihre Bereitschaft beeinflussen, sich an Kommunikation zu beteiligen. Achtung und Missachtung wirken primär in Interaktionen (Luhmann 2008 [1978]: 114), können aber auch für Organisationen relevant werden (Jäger/Coffin 2011).

Für Organisationen gilt allgemein, dass sie das Medium Geld anwenden, um Menschen zum Mitmachen zu bewegen, ohne die tiefe psychologische Motivationsstruktur der Mitarbeiter anzutasten. Durch Bezahlung können Organisationen Individuen veranlassen, unwahrscheinliche und sehr spezielle Tätigkeiten durchzuführen, ohne dass sie immer zustimmen müssen. Damit erreichen sie eine Entkopplung von dem Bewusstsein ihrer Mitglieder, die ihnen ermöglicht, sich gegebenenfalls flexibel zu ändern, ohne auf die Motive der Einzelnen achten zu müssen (Luhmann 1964: 90-96). Allerdings ist schon lange bekannt, dass Organisationen eine Vielfalt weiterer Anreize ansetzen, die materiell sowie immateriell sein können (Barnard 1966: 142-149). Selbst Luhmann betont, dass auch Werte (mit wenigen monetären Kosten) motivieren können (1964: 101-104). Dass Werte als grundlegende Motivationsstruktur in Non-Profit-Organisationen dienen, ist unbestritten (Brown/Slivinski 2006: 141-142). Empirisch kann man aber beobachten, dass sie auch in Unternehmen als Motivationsfaktoren gelten. Es gibt im Bereich ökologischer Innovation viele Beispiele von kleinen Technologiefirmen, die weniger deswegen innovativ sind, weil sie aufgrund eines ökonomischen Kalküls davon ausgehen, dass bald ein Gewinn entstehen wird, sondern weil die Wertorientierung ihrer Mitglieder innovatives Handeln fördert (Guggenheim 2005, 59-78; Mautz et al. 2008, 33-47). Werte können zu einer regelrechten Innovationsstrategie werden. So lässt z.B. Novartis wenig rentable Projekte über Medikamente für seltene Krankheiten laufen, weil die Manager der Meinung sind, dass die Mitarbeiter dadurch motiviert werden, ihre Kreativität einzusetzen (Harvard Business Review 2002).

Werte, die in moralischer Kommunikation und ethischer Reflexion Anwendung finden, sind Elemente der Motivation, die neben und teilweise als Ersatz von anderen Motivationsfaktoren und vor allem von Geld zum Einsatz kommen. Sie motivieren und geben zugleich eine grobe Orientierung. Das kann zu einem Problem werden, wenn die Organisation von etablierten Werten abweichen will. Denn, wenn sich eine Organisation in eine Richtung entwickelt, die gegen ihre früheren Werte verstößt, kann die Bindung der Mitarbeiter an diese Werte einen Wandel erschweren (Luhmann 1964: 103). Allerdings gewährleisten Werte in ihrem Einflussbereich sogar Flexibilität, weil sie zwar strukturieren, dies aber nicht in einer restriktiven Art und Weise tun. Das ist für Innovation wichtig. Innovationstätigkeiten sind schwer zu planen und zu kontrollieren (Ortmann 1999; Rammert 1988), d.h. dass es schwierig ist, im Arbeitsvertrag oder im alltäglichen Management genau zu definieren, wie Arbeitsprozesse zu gestalten und dementsprechend zu überwachen sind. An dieser Stelle können Werte als eine Form von minimaler Strukturierung dienen (Kamoche/Pina e Cunha 2001), die zwar Ausgangspunkte festlegt, aber keinen detailreichen Plan vorgibt, so dass große Spielräume offen bleiben.

Auch für diese Funktion kann man eine riskante Kehrseite ausmachen. Moralische Kommunikation kann stark anerkennen, aber auch stark diskreditieren. Nach Fuchs kontaminiert ein moralisches Urteil die Person zur Gänze (Fuchs 2010: 18-19). Wenn man jemanden missachtet, will man mit ihm nichts mehr zu tun haben. Wenn ein Mitarbeiter in einer Organisation moralisch verachtet wird, wird es schwierig, mit ihm zu arbeiten. Die Kommunikation wirkt intern ausschließend, mit dem Risiko, dass wichtige Kompetenzen verloren gehen.

5.5.4.4 Kritik

Die Systemtheorie betont vor allem, dass Moral polemogen ist. Durch moralische Kommunikation werden Konflikte angestachelt, weil Personen, Handlungen oder Projekte durch Missachtung stark diskreditiert werden können. Somit kann Moral kritisch wirken. Moral zwingt zwar zum Normalen (Luhmann 2008 [1978]: 108), wenn aber kein gesellschaftlicher Zusammenhang mehr da ist, der garantiert, dass dieselben Werte für alle gelten, steigt die Wahrscheinlichkeit, dass Dispute entstehen. Angesichts der Konflikte zwischen Moralvorstellungen sind die Kriterien des „Normalen" vielfältig. So wird Moral ein „device for an enduring self-irritation of the society" (Luhmann 1993b: 779). Die ethische Reflexion kann das Konfliktpotenzial der Moral insofern erweitern, als sie die Unzulänglichkeiten moralischer Urteile aufdecken kann. Beide Kommunikationsformen können deshalb besonders kritisch sein, weil sie keine präzise Verhaltensmaxime geben, sondern abstrakt und vielfältig sind und weil sie aus diesem Grund zunächst keine direkten, konkreten Folgen haben.

Moral und Ethik informieren über Missstände, sie können auf Störungen und Pathologien aufmerksam machen und bewährte Praktiken in Frage stellen. Dies ist für Innovationsprozesse in Organisationen vor allem in der Anfangsphase entscheidend. Denn um Sicherheit und Stabilität zu sichern neigen Organisationen dazu, konservativ zu werden. Innovation kann unter Umständen sogar als „illegitim" gelten, weil innovatives Handeln offen und riskant ist und damit gegen den Planungs- und Kontrollbedarf der Organisation verstößt (Dougherty/Heller 1994). Schon Joseph A. Schumpeter machte auf die zerstörerische Wirkung von Innovation aufmerksam (1972[1942]). Damit Innovation zustande kommt, müssen Barrieren und Widerstände abgebaut werden. Das kann gelingen, wenn die erreichten Ergebnisse als nicht zufriedenstellend wahrgenommen werden (March/Simon 1993 [1958]: 193-197). Deswegen kann das Management zusätzliche Maßnahmen einführen wenn es Innovation wünscht, wie z.B. Evaluationstreffen, um einen kritischen Umgang mit dem Bestehenden zu fördern. Zentral sind dabei die Kriterien, die eine befriedigende Lösung definieren (March/Simon 1993 [1958]: 193-197). Diese können auch moralischer Natur sein. Somit kann das kritische Vermögen von moralischer Kommunikation sowohl als Kultur, als auch etwa in der Form von Ethikgremien zum Innovationskatalysator werden. Moral kann in der Form von Skandalen auch Schocks auslösen, die Unzufriedenheit in Bezug auf die gegebenen Bedingungen signalisieren und Ressourcen für Innovation freimachen (zu Schocks in Innovationsprozessen: Van de Ven et al. 1999: 10-12).

Indem sie das Bestehende als unbefriedigend erscheinen lassen, können Moral und Ethik innovative Projekte anregen. So sehen auch Willke/Willke (2008: 34) die Stärke des Wertes der Nachhaltigkeit in seiner Fähigkeit, kurzfristige Strategien, Ausnutzung und Verschwendung zu kritisieren. Ausgehend von diesen Überlegungen wird Ethik in einem positiven Sinn als Irritation (Homann 1993: 47) und sogar als „Heuristik", als eine Suchstrategie aufgefasst (Homann/Blome-Drees 1992: 140-149). Der Respekt der Natur etwa ist ein Element, das eine ganze Branche veranlasst, bei dem Bau von Autos neue Technologien anzuwenden. Durch das CSR-Engagement von Unternehmen werden Möglichkeiten zur Lösung von gesellschaftlichen und ökologischen Problemen intensiver gesucht und Win-win-Situationen besser genutzt (Curbach 2009: 246-247). Zu betonen ist aber, dass Moral und Ethik nur eine Anregung sein können, sie dienen als ungerichtete Irritation: Eine (wie auch immer vorläufige) Lösung kann nur mit systemischen, technischen und organisatorischen Logiken gesucht werden. Die moralische Kritik stellt der Organisation weitere Kriterien zur Verfügung. Wenn es der Organisation gelingt, diese Kriterien nicht abzuweisen, sondern produktiv neben anderen laufen zu lassen, sind gute Bedingungen für Innovation gegeben, denn sie gedeiht vor allem in Kontexten, die nicht eintönig sind, sondern heterogene Logiken zulassen (Stark 2009).

Kritik ist aber nicht ohne Risiken. Kritik in Organisationen kann zwar den Weg für Innovation bereiten, kann aber auch Unruhe verursachen und Stabilisierungsprozesse wie z.b. die Kumulation von Kompetenzen in bestimmten Bereichen oder eine stabile Profilierung des Unternehmens erschweren. Konflikte zu ermöglichen, zu erzeugen und zu tolerieren ist zwar eine Möglichkeit, um Innovation zu steigern, moralische Auseinandersetzungen können jedoch zu Blockaden führen, wenn die Konfliktparteien auf ihren Positionen verharren und nicht nach einer Lösung suchen (Jäger/Coffin 2011: 121-131). Wichtig ist es deswegen, Konflikte zuzulassen, aber durch Schlichtungen oder sonstige Institutionen der Konfliktregulierung den Streitausgang zu entschärfen (Edquist/Johnson 1997: 52-53; Luhmann 1997: 464-468).

5.6 Schluss

Die soziologische Theorie bietet verschiedene Möglichkeiten an, das Verhältnis von Ethik und Innovation in Unternehmen zu analysieren. Während Ansätze, die in der Tradition von Émile Durkheim arbeiten, auf Akzeptanzphänomene von Unternehmen und deren Produkte aufmerksam machen, kann man durch den Neoinstitutionalismus einen schärferen Blick für formale Fassaden und Entkopplungen entwickeln und dabei erklären, wie Legitimation durch Moral erreicht wird ohne die Organisation zu stark an moralische Geboten zu binden. Die Kombination Legitimation/Entkopplung eröffnet Spielräume für Innovation. Der systemtheoretische Beitrag macht darüber hinaus auf Respezifikations- und Transformationsprozesse der Moral und Ethik in Unternehmen aufmerksam. Innovation, die unsicher und schwer zu planen ist, ist ein Phänomen, auf die Moral und Ethik besonders prägend wirken. In Bezug auf Innovationsprozesse, die heute zu den zentralen Eigenlogiken von Unternehmen gelten, kann man dann beobachten, dass Moral verschiedene und sogar entgegengesetzte Funktionen übernehmen kann: in Innovationsprozessen hat dies sowohl legitimierende als auch kritische Funktionen. Damit sind Risiken verbunden, wenn Legitimation die Verdeckung von Problemen bewirkt oder Kritik so stark ausgetragen wird, dass offene Konflikte verursacht werden. Welche Formen, Funktionen und Risiken Moral, spezifische moralische Werte sowie die ethische Reflexion in einzelnen Organisationen jeweils annehmen, hängt von den Strukturen der Organisation, von ihrem Verhältnis zur Umwelt und letztendlich von ihrer Geschichte ab. Je nach Ressourcen, die zur Verfügung stehen, je nach Branche, in der eine Organisation operiert, je nach Position in der Wertschöpfungskette usw. können bestimmte Formen, Funktionen und Risiken konkret für einzelne Organisationen relevant werden. Dies bedeutet, dass Moral, Ethik und Werte nie eine einheitliche Funktion und nie eine ausschließlich positive Valenz haben, sondern ob sie Konflikte anstacheln, Vorhaben legitimieren, als Deutungsmuster gelten oder die Mitarbeiter motivieren, und ob sich dies dann auf Innovation förderlich oder hinderlich auswirkt, ist eben kontextabhängig und gebunden an die lokalen Transformationen und Respezifikationen einzelner Unternehmen.

6 Schlussbemerkungen: Plurale Ordnungen durch Organisationen

In diesen Schlussbemerkungen möchte ich weniger die Ergebnisse der Studien dieses Bandes zusammenfassen, als vielmehr zeigen, wie sie zum Verständnis der Formen und Wirkungen moralischer Kommunikation in unserer Gesellschaft einerseits und zu Innovationsforschung bzw. -theorie andererseits beitragen. Darüber hinaus möchte ich betonen, dass es sich vor allem um Beiträge zur Soziologie der Organisation handelt, die insbesondere die Wechselwirkungen zwischen Organisationen und ihrer gesellschaftlichen Umwelt fokussieren.

6.1 Zur Soziologie der Moral

Die Soziologie stellt heute fest, dass es gesellschaftsweit keine einheitliche und stabile Moral mehr gibt (Bergmann/Luckmann 1999; Luhmann 2008 [1978]: 95-96; Luhmann 2008 [1989]: 270-281; Nassehi et al. 2014). In der Moderne verliert Moral ihre integrativen Funktionen und ist nicht mehr imstande, Handlungsanleitungen weder für technische noch für alltägliche Probleme zu liefern. Das hängt damit zusammen, dass Moral vielfältig, diffus und kontrovers ist. Vielleicht ist gerade dies einer der Gründe, warum die Soziologie der Moral, die zentral für die Klassiker der Soziologie war, in den letzten Dekaden wenig relevante Entwicklungen verzeichnet hat und sogar ihre Identität als soziologische Subdisziplin zu verlieren droht (Hitlin/Vaisey 2010).

Dieser Band trägt zur Wiederbelebung einer soziologischen Perspektive auf Moral bei, indem er zeigt, dass sich trotz der Flüchtigkeit moralischer Kommunikation spezifische Formen der Moral in verschiedenen kommunikativen Kontexten zeitweise und mit beschränkter Reichweite verfestigen und dort charakteristische Wirkungen entfalten. Das geschieht im Rahmen von Funktionssystemen (man denke an politische Skandale oder an die Moralisierung von Doping-Fällen), von professionellen Ethiken und von alltäglichen Interaktionen. In diesem Band wurde jedoch vor allem gezeigt, dass Moral auf der Mesoebene und dort insbesondere in Organisationen spezifische Formen annimmt. In Organisationen gelten bestimmten Werte und Verhaltenskodizes und es gibt sogar Organisationen, die Moral ins Zentrum ihrer Zielsetzung stellen (etwa einige NPOs).

Organisationen respezifizieren Moral nicht nur mithilfe ihrer formalen Strukturen und ihrer Kultur, sondern sie gestalten auch, etwa in Ethikgremien und Kommissionen, ihre ethische Reflexion. Dabei nimmt Moral nicht nur organisationsintern, sondern auch in breiteren Formationen wie etwa organisationalen Feldern und Organisationsnetzwerken feste Formen an. Da Vertrauen in interorganisationalen Kontexten sehr wichtig ist (u.a. Powell 1996; Luhmann 2000: 408), kann moralische Achtung dort als ein Element fungieren, das die Koordination zwischen Organisationen erleichtert. Moralische Vorstellungen oder Standards, die in einzelnen Organisationen oder in interorganisationalen Settings entstehen, können in der Folge auch für andere Organisationen bzw. in anderen Sektoren relevant werden, sie können kopiert und weiter entwickelt, in öffentlichen Debatten gelobt, kritisiert oder kontrovers diskutiert werden usw. In der Konsequenz beeinflusst die organisationale Moral auch Makrokontexte. Indem sie die Wirkung von organisationalen Moralvor-stellungen analysieren, tragen die Beiträge dieses Bandes dazu bei zu erforschen, wie Organisationen moralische Standards durch ihre Tätigkeiten und/oder durch ihre Reflexionsarbeit (mit)entwickeln. Dies ist eine Thematik, die noch unzureichend erforscht ist (Brophy 2014).

Was in den Beiträgen dieses Bandes dank des Fokus auf Organisationen insbesondere gezeigt werden konnte, ist, dass die Formen der Moral, die unsere Gesellschaft prägen, nicht stabil und allgemeingültig sind, sondern immer lokal, kontextgebunden und temporär. Es handelt sich nicht um übergreifende und auf einer breiten Zustimmung basierende Ordnungen, sondern um fragmentierte Ordnungen beschränkter Reichweite. Organisationen stellen keine übergreifende Ordnungsstruktur dar; die Gesellschaft lässt sich nicht durchorganisieren. Vielmehr sind organisationale Bearbeitungen der Moral als Teil der pluralen Strukturbildung der Gesellschaft zu verstehen (Stichweh 2004). Ein weiterer Aspekt dieser Ordnungen ist ihre rekursive Bildung, die nie abgeschlossen ist: Reflexive Akteure wie Organisationen (Ortmann et al. 1997) sind in der Lage, ihre selbsterzeugten Ordnungen immer wieder in Frage zu stellen, sie zu verwerfen oder weiterzuentwickeln. Dabei läuft der rekursive Bezug auf vergangene moralische Kommunikation in Organisationen sowohl über planungsvolle Tätigkeiten (wie über extra dafür eingerichtete Ethikgremien) als auch in routinierten Formen, die im Erfolgsfall zur Verstärkung spezifischer moralischer Vorstellungen führen.

Um die Wirkung der Moral zu analysieren startet dieser Band mit der Feststellung, dass jede moralische Aussage den Anspruch hat, generalisierbar zu sein und das „Gute" für die Menschheit zu erzielen. Gerade wegen dieser Generalität kann Moral aber in einer komplexen Gesellschaft kaum konkrete Handlungsanweisungen geben. Das bedeutet nicht, dass sie wirkungslos sei. Im Gegenteil: In ihren fragmentierten und rekursiven Formen gewinnt Moral heute an Relevanz. Aufgrund ihrer Eigenschaften kann Moral ihren Einfluss in einer ambivalenten

Art und Weise entfalten (Hitlin/Vaisey 2010: 10). Einerseits wirkt Moral legiti-mierend, wenn genügend Konsens unterstellt werden kann. Andererseits wirkt Moral kritisch und konfliktträchtig, wenn verschiedene Positionen gegen einan-der prallen. In beiden Fällen gelingt die Aktivierung moralischer Kommunikati-on leicht, weil wer moralisch kommuniziert, genießt Anerkennung ohne konkrete Lösungen anbieten oder durchdachte Vorschläge erarbeiten zu müssen. Sowohl Legitimierung als auch Kritik können positive bzw. negative Folgen nach sich ziehen. So kann Legitimierung Unterstützung motivieren, wenn sie aber über-trieben ist, verdeckt sie Missstände. Kritik kann Anlass für Innovation werden, sie kann aber die Organisation destabilisieren. Welche Wirkung Moral entfaltet, hängt davon an, wie sie in spezifischen Kontexten in Anspruch genommen wird.

6.2 Zur Innovationstheorie und -forschung

Die Innovationsforschung zeigt, dass Heterogenität für Innovationsprozesse wesentlich ist (Rammert 2008; Stark 2009). Entsprechend werden Kontexte wie heterogene Netzwerke, die imstande sind, verschiedene Wissensbestände zu verknüpfen, als zentrale Orte der Innovation erachtet. Jedoch kann man ausge-hend von den Befunden dieses Bandes, der die Fähigkeit der Organisationen betont Heterogenität zu verbinden, schlussfolgern, dass auch Organisationen Orte der Innovation sind (dazu auch Besio/Jungmann 2014).

Wie und mit welchen Wirkungen der Umgang mit Heterogenität Innovati-onsprozesse beeinflusst, wurde in diesem Band am Fall der Moral gezeigt. Indem sie moralische Kommunikation in ihren Entscheidungsprozessen zulassen, kön-nen Organisationen Innovation fördern. Dabei geht es nicht nur darum, Hetero-genität zu erhöhen (Stark 2009), sondern Formen der Verknüpfung verschiede-ner Logiken einzuführen, die spezifische Wirkungen entfalten. Die Analyse solcher Formen gibt Aufschluss darüber, wie Innovation durch Heterogenität bedingt wird. So konnte beobachtet werden, dass Moral vielfältig wirken kann: Sie kann als Fassade das Neue legitimieren und gleichzeitig so abstrakt bleiben, dass sich organisationsintern Spielräume fürs Ausprobieren eröffnen; Moral kann lokale Projekte rechtfertigen und sogar riskante, aber moralisch gute Vor-schläge akzeptierbar machen; moralische Kommunikation kann interne Überset-zungen anregen, die Win-win-Lösungen einleiten, usw.

Durch die Kalibrierung moralischer Kommunikation und deren Bindung an organisationale Prozesse kann es Organisationen gelingen, Moral als Auslöser für Innovation zu nutzen. Dieser Band betont somit, dass neben technischen Aspekten wie der Verfügbarkeit von Ressourcen und ausgefeilten Management-modellen auch kulturelle Aspekte und sogenannte weiche Faktoren wie eben Moral Innovation entscheidend beeinflussen. Während bekannt ist, dass moralische Kommunikation Innovation hemmen kann (man kann das z.B. am Fall der Gentechnologie gut beobachten), zeigt diese Arbeit, dass sich Moral eben auch positiv auf Innovation auswirken kann. Das bestätigt Befunde, die bezüglich des ökologischen Wirtschaftens zeigen, wie vor allem in der Anfangsphase technologischer Entwicklung der Bezug auf Werte wie Nachhaltigkeit, Umwelt- oder Naturschutz noch nicht perfektionierte und marktfähige Technologien unterstützen kann (Bruns et al. 2011; Mautz et al. 2008; Stock 2016).

Wenn Moral als Ansporn zur Innovation in der Entwicklungsphase fungieren kann, kann sie auch bei ihrer Verbreitung wichtige Effekte entfalten (Rogers 2003). Organisationen, die die Fähigkeit haben, verschiedene Logiken zu kombinieren, können unter Umständen das Neue in alten Bahnen wieder einfangen. Die Verbindung zwischen Altem und Neuem kann auf verschiedene Wege erreicht werden. So lassen Organisationen vorzugsweise diejenigen Innovationen zu, die mit ihren Strukturen und Infrastrukturen kompatibel erscheinen. Aus diesem Grund sind häufig inkrementelle Innovationen erfolgreich, die nicht das Existente komplett in Frage stellen (für den Fall von Innovation, die vom Diskurs über den Klimawandel initiiert wird: Pinkse/Kolk 2010). Eine einzigartige Form der Verbindung zwischen Altem und Neuem bietet Moral, die diejenigen Innovationen unterstützt, die mit den zentralen Werten der Organisation bzw. ihrer Stakeholder kompatibel sind. Der Bezug auf etablierte Werte kann z.B. Investitionen in innovative Technik anregen, deren Effekte teilweise ungewiss sind, die jedoch einen Zweck verkörpert, der als moralisch wünschenswert gilt (Hasse/Japp 1997). Denn für einen guten Zweck kann man ggf. leichter Ressourcen mobilisieren.

6.3 Zur Organisationssoziologie

Dieser Band trägt in besonderen Maß dazu bei, das Verhältnis zwischen Organisation und Gesellschaft, verstanden als Wechselwirkung auf der Basis systemischer Eigendynamiken, zu erklären. Während die Organisationssoziologie häufig fragt, wie die Umwelt Organisationen beeinflusst, geht dieser Band davon aus, dass Organisationen einerseits in weiteren gesellschaftlichen Kontexten, etwa in Märkten und in rechtlichen Rahmen eingebettet sind, und andererseits beeinflussen sie diese umfassenderen sozialen Gebilde. Organisationen tragen dazu bei, gesellschaftliche Prozesse zu gestalten, indem sie über aktive Strategien Einfluss nehmen (etwa bei der Entwicklung ökologischer Standards), aber auch einfach indem sie gesellschaftliche Anforderungen immer wieder ausgehend von ihren internen Strukturen respezifizieren. Die festen Formen, die durch organisationale Entscheidungen entstehen, wirken sich nie direkt auf andere Kontexte aus, sondern stehen vielmehr weiteren Instanzen zur Verfügung, die in ihnen Anhaltspunkte für ihr jeweiliges weiteres Operieren finden können. So beeinflussen die

Investitionen eines großen Konzerns gegebenenfalls Märkte, aber nur dann, wenn diese bereit sind, sie zu rezipieren.

Die Beiträge dieses Bandes haben gezeigt, wie Organisationen die Logik der Moral umsetzen und dabei zu einer Transformation gesellschaftlicher Moral beitragen. Sie haben darüber hinaus gezeigt, dass Organisationen Moral respezifizieren, indem sie gleichzeitig auch auf weitere Kommunikationsformen und insbesondere auf die Logiken von Funktionssystemen Bezug nehmen. Somit über-nehmen Organisationen eine zentrale Aufgabe in unserer Gesellschaft: die Vermittlung heterogener Logiken. Auf diesen Aspekt möchte ich zum Schluss näher eingehen.

Die These der Differenzierung ist eine etablierte Beschreibung der modernen Gesellschaft. Zwar werden die Formen, die zugrundeliegende Logik sowie die Radikalität der Differenzierung in verschiedenen Theorieangeboten unterschiedlich aufgefasst, das Prinzip der Differenzierung als solches wird aber selten in Frage gestellt (Schimank 2005). Schon die Klassiker der Soziologie sehen Differenzierung als ein Charakteristikum unserer Epoche an. Dazu gehört etwa die These der Arbeitsteilung von Émile Durkheim (Durkheim 1988 [1930]) sowie die Idee von Max Weber, dass gesellschaftliche Sphären wie die Wissenschaft, die Kunst, die Wirtschaft usw. verschiedene Formen der Rationalität entwickeln (Weber 1965 [1920]: 20-21). Auch in neueren Theorien der Gesellschaft wird gesellschaftliche Differenzierung beschrieben. So sieht Habermas (etwa 1968: 65) die Ausdifferenzierung von hoch spezialisierten Sphären wie dem Markt und dem Staat ebenso als Charakteristikum der Moderne. Und für Giddens gilt, dass in der heutigen Gesellschaft unterschiedliche Zusammenhänge von Regeln und Ressourcen, die auch im Widerspruch zueinander stehen können, nebeneinander existieren (Giddens 1995 [1984]: 248-255). Andere Theorien wie der Neoinstitutionalismus (Meyer/Jepperson 2000; Meyer et al. 1997a), die sich auf Prozesse der Homogeni-sierung in der Moderne konzentrieren, kommen aber gleichwohl ebenso zu dem Schluss, dass Heterogenität unterschiedlicher „institutional logics" nicht zu übersehen sei (Meyer et al. 1997a; Thornton/ Ocasio 2008). Die These der Differenzierung ist aber insbesondere im Rahmen der Systemtheorie von Talcott Parsons (u.a. Parsons 1972: 20-29; Parsons 1977: 182-188) und in ihrer Weiterentwicklung durch Niklas Luhmann bearbeitet worden, der die Gesellschaft als funktional differenziert in dem Sinne betrachtet, als sie durch die Ausdifferenzierung von Funktionssystemen charakterisiert ist, die jeweils eine Funktion universalisieren (Luhmann 1997: 743-776).

Die These der Differenzierung postuliert die Existenz unterschiedlicher Logiken, die nicht kongruent sein müssen und einander sogar widersprechen können. Als Konsequenz dieser Beschreibung stellt sich die Frage: Warum fällt eine derart differenzierte Gesellschaft nicht auseinander (im Überblick: Münch 1980; Nassehi 2004)? Warum kollidieren unversöhnliche Logiken nicht miteinander? Wie wird vermieden, dass sich die verschiedenen Logiken so verselbstständigen, dass keine Wechselwirkung mehr möglich ist? Empirisch kann man beobachten, dass zwar gelegentlich wechselseitige Behinderungen auftreten, verschiedene Teilbereiche ihre jeweiligen Operationen jedoch über weite Strecken ungestört fortführen können. Sie können ihre Tätigkeiten nicht nur parallel entfalten, gewissermaßen nebeneinanderher, sondern einander auch beeinflussen, wobei es in der Regel nicht zu Blockaden kommt. Für die soziologische Theorie der Differenzierung ist es damit notwendig, eine theoretische Erklärung dieser Phänomene zu liefern.

In der Tat bieten verschiedene Theorien unterschiedliche Lösungen an. Klassische Ansätze setzen eine übergeordnete kulturell-moralische Ordnung voraus, die eine Vermittlung zwischen den verschiedenen Sphären und infolgedessen gesellschaftliche Integration garantiert. Die Notwendigkeit einer solchen kulturellen Ordnung wird von Theoretikern wie Émile Durkheim und Talcott Parsons explizit postuliert, deren Wirksamkeit jedoch angesichts der unterschiedlichen moralischen Werte in unserer Gesellschaft angezweifelt (Bergmann/Luckmann 1999; Luhmann 2008 [1978]: 95-96; Luhmann 2008 [1989]: 270-281). Eine weitere Lösung besteht darin, das einzelne Individuum als Akteur und als diejenige Instanz anzusehen, die zwischen den verschiedenen Logiken vermitteln kann. In der Moderne übernehmen Individuen unterschiedliche Rollen in unterschiedlichen Kontexten. Aus diesem Grund seien sie, um handeln zu können, dazu angehalten, Widersprüche zu mildern, Gemeinsamkeiten zu finden und Prioritäten zu setzen. Individuen seien zwar nicht losgelöst von jeder sozialen Struktur, die Institutionen gäben aber nur den Rahmen vor: es seien die Einzelnen, die entscheiden müssten, wie sie konkret mit diesen umgehen (Beck 1986: 121-159). Der Akzent liegt hier auf „Entrepreneurship", auf der Fähigkeit von Akteuren, reflexiv verschiedene Logiken zu kombinieren und eine Synthese herzustellen (Stark 2009: 13-19; 32). Wie es jedoch den Einzelnen gelingen soll, zwischen hochgradig strukturierten gesellschaftlichen Bereichen kompetent umzuschalten, bleibt fraglich.

Je radikaler die Eigendynamiken einzelner Bereiche aufgefasst werden, umso schwieriger wird es, die beschriebenen Mechanismen für ausreichend zu halten. Folglich werden Vorschläge interessant, die weder eine übergreifende gemeinsame Basis noch einzelne Akteure als geeignete Mechanismen der Vermittlung ansehen. Diese suchen Lösungen vielmehr in unterschiedlichen gesellschaftlichen Arrangements oder Strukturbündeln, die die Rolle der Vermittlung übernehmen oder die vermittelnde Leistung von Akteuren ergänzen. Es sind soziale Strukturen, die eine Vermittlung ermöglichen. Dabei handelt es sich nicht um einheitliche und langandauernde Strukturen, sondern um fragmentierte und zum Teil lokale Arrangements.

Eine solche Herangehensweise scheint, obwohl nicht immer herausgearbeitet, in Praxistheorien angelegt zu sein. Die Antwort auf die Frage nach der Integration verschiedener Logiken suchen diese Theorien nicht in übergreifenden

Normen, sondern in Praktiken, die in konkreten Kontexten die Handlungsfähig-keit des Akteurs sichern. So werden für Anthony Giddens Praktiken, die ver-schiedene Regeln und Ressourcen kombinieren, über unterschiedliche Spannen von Zeit und Raum (re)produziert (Giddens 1995 [1984]: 69) und können somit auf das Handeln strukturierend wirken. Praktiken können auch Strukturen zur Verfügung stellen, die Systemgrenzen überschreiten. Man kann dann von „hyb-riden Praktiken" reden, die zu Strukturen werden, die eine Vermittlung gewähr-leisten. Auch können etwa die „Kompromisse" von Boltanski und Thévenot als Arrangements verstanden werden, die in praktischen Zusammenhängen eine Verknüpfung verschiedener Logiken realisieren (Boltanski/Thévenot 2007 [1991]: 367-447) und somit vermittelnd wirken[57]. So verbindet z.B. das Kon-strukt „Arbeitnehmerrechte" die Logik der staatsbürgerlichen Welt mit den An-forderungen der Industrie. In einer ähnlichen Art und Weise fungieren in der Systemtheorie Einrichtungen der Kopplung (Besio/Meyer 2015; Baecker 2001; Lieckweg 2001; Schimank 2005: 191-192; 232-234). Man kann sie als soziale Strukturen auffassen, sie sind wie „boundary objects" (Star/Griesemer 1989), die gleichzeitig von zwei oder mehr Systemen in Anspruch genommen werden kön-nen und die die wechselseitige Beobachtung verschiedener Systeme kanalisieren.

Als vermittelnde Strukturen kommen viele Formen auf der Mesoebene in Frage, etwa heterogene Netzwerke oder organisationale Felder, die unterschied-liche Typologien von Organisationen verbinden. Jedoch wurde in diesem Band gezeigt, wie Organisationen genau diese Rolle in der Moderne übernehmen und besonders erfolgreich sind, Heterogenität zuzulassen und ihr eine Form zu ge-ben. Organisationen bzw. deren Strukturen können als Mechanismen der Ver-mittlung zwischen verschiedenen Logiken dienen: sie können unterschiedliche Logiken entkoppeln bzw. selektiv verkoppeln; sie übersetzen Logiken ineinander oder stellen Arrangements zur Verfügung, an die verschiedene Akteure anknüp-fen können. Gewiss kann die Einführung unterschiedlicher Logiken in Organisa-tionen zu Konflikten und Blockaden führen. Jedoch, wenn man die alltägliche organisationale Arbeit beobachtet, so gewinnt man den Eindruck, dass Organisa-tionen nicht nur diejenigen Instanzen sind, die die Logiken einzelner Funktions-systeme respezifizieren, sondern dass ihre Rolle in der Gesellschaft auch die Vermittlung verschiedener Logiken beinhaltet. Organisationen respezifizieren nicht nur einzelne Logiken, sondern kombinieren auch mehrere Logiken, etwa moralische Gebote und ökonomische Ziele. Das hat nicht nur organisationsintern positive Effekte, sondern organisationale Vermittlungen werden auch über ihre Grenzen hinaus sichtbar und können von anderen Akteuren in Anspruch ge-

---

57 Um allerdings die Möglichkeit von Kompromissen zwischen verschiedenen Welten zu begrün-den, müssen diese Autoren weiterhin annehmen, dass es notwendig ist, auf ein höheres Gut Bezug zu nehmen (Boltanski/Thévenot 2007 [1991]: 367-373).

nommen werden. Auf diese Weise vermitteln und regulieren Organisationen die Verhältnisse einer Vielzahl verschiedener Logiken mit.

Literaturverzeichnis

Abbott, Andrew (1991): The future of professions: occupation and expertise in the age of organization. In: Research in the Sociology of Organizations 8: 17-42.

Ackerman, Charles/Parsons, Talcott (1967): The Concept of 'Social System' as a Theoretical Device. In: Di Renzo, Gordon J. (1967): 19-40.

Aderhold, Jens/Bormann, Inka/John, René (Hrsg.) (2012): Indikatoren des Neuen. Innovation als Sozialtechnologie oder als Sozialmethodologie? Wiesbaden: VS Verlag für Sozialwissenschaften.

Adler, Paul (Hrsg.) (2009): The Oxford Handbook of Sociology and Organization Studies: Classical Foundations. New York: Oxford University Press.

Andersen, Heine (1990): Morality in Three Social Theories: Parsons, Analytical Marxism and Habermas. In: Acta Sociologica 33(4): 321-339.

Anheier, Helmut K. (2005): Nonprofit Organizations: Theory, Management, Policy. London and Newyork: Routledge Taylor & Fransic Group.

Antilla, Liisa (2005): Climate of scepticism: US newspaper coverage of the science of climate change. In: Global Environmental Change 15(4): 338-352.

Apelt, Maja/Tacke, Veronika (Hrsg.) (2012): Handbuch Organisationstypen. Wiesbaden: Springer VS.

Atzeni, Gina/Katharina Mayr (2014): Ethische Expertise. Ethikkommissionen und Klinische Ethik-Komitees als Räume ethischer Rede. In: Nassehi et al. (2014): 229-253.

Baecker, Dirk (2001): Kapital als strukturelle Kopplung. In: Soziale Systeme 7(2): 313-327.

Banerjee, Bobby S. (2008): Corporate Social Responsibility. The Good, the Bad and the Ugly. In: Critical Sociology 34(1): 51-79.

Barnard, Chester I. (1966 [1938]): The Functions of the Executive. Cambridge, Mass.: Harvard University Press.

Bauman, Zygmunt (1992 [1989]): Dialektik der Ordnung: Die Moderne und der Holocaust. Hamburg: Europäische Verlagsanstalt.

Bauman, Zygmunt (1993): Postmodern Ethics. Oxford/Cambridge: Blackwell.

Beck, Ulrich (1986): Risikogesellschaft. Auf dem Weg in eine andere Moderne. Frankfurt am Main: Suhrkamp.

Beck, Ulrich (2009): World at risk. Cambridge: Polity Press.

Beckert, Jens/Eckert, Julia/Kohli, Martin/Streeck, Wolfgang (2004): Transnationale Solidarität. Chancen und Grenzen. Frankfurt am Main, New York: Campus.

Berens, Guido/van Riel, Cees B. M. / van Rekom, Johan (2007): The CSR-Quality Trade-Off: When can Corporate Social Responsibility and Corporate Ability Compensate Each Other? In: Journal of Business Ethics 74: 233-252.

Bergmann, Jörg/Luckmann, Thomas (Hrsg.) (1999): Kommunikative Konstruktion von Moral, Bd.2: Von der Moral zu den Moralen. Opladen, Wiesbaden: Westdeutscher Verlag.

Besio, Cristina (2009): Forschungsprojekte: Zum Organisationswandel in der Wissenschaft. Bielefeld: Transcript.

Besio, Cristina (2014): Strategien der Balance. Vermittlung zwischen Moral und Profit am Beispiel von Energiekonzernen. In: Sociologia Internationalis 52(1): 93-118.

Besio, Cristina (2014): Transforming Risks into Moral Issues in Organizations. In: Luetge, Christoph/Jauernig, Johanna (2014): 71-84.

Besio, Cristina (2016): Klimawandel und Energiewirtschaft. In: Besio, Cristina/Romano, Gaetano (2016): 219-238.

Besio, Cristina/Jungmann, Robert (2014): Innovation und Organisation. Drei Thesen zum Passungsverhältnis zweier Formen der Moderne. In: Soziale Systeme (19): 127-151.

Besio, Cristina/Meyer, Uli (2015): Heterogeneity in world society. How organizations handle contradicting logics. In: Holzer et al. (2015): 237-257.

Besio, Cristina/Pronzini, Andrea (2010): Unruhe und Stabilität als Form der massenmedialen Kommunikation über Klimawandel. In: Voss, Martin (2010):283-299.

Besio, Cristina/Romano, Gaetano (Hrsg.) (2016): Zum gesellschaftlichen Umgang mit dem Klimawandel. Kooperationen und Kollisionen. Baden-Baden: Nomos.

Beyer, Jürgen (2010): Auf Hochglanz gebracht. Unternehmerische Verantwortung als Beratungsprodukt. In: Soeffner, Hans-Georg (Hrsg.) (2010): Unsichere Zeiten, Verhandlungen des 34. Kongresses der Deutschen Gesellschaft für Soziologie in Jena. Wiesbaden: VS Verlag für Sozialwissenschaften.

Birke, Martin (Hrsg.) (1997): Handbuch Umweltschutz und Organisation. Ökologisierung, Organisationswandel, Mikropolitik. München, Wien: Oldenbourg Verlag.

Black, Maggie (1992): Cause for our Times: Oxfam, the first 50 years. Oxford: Oxford University Press.

Blank, Tobias/Münch, Tanja /Schanne, Sita/Staffhorst, Christiane (Hrsg.) (2008): Integrierte Soziologie – Perspektiven zwischen Ökonomie und Soziologie, Praxis und Wissenschaft. Festschrift zum 70. Geburtstag von Hansjörg Weitbrecht. München, Mering: Rainer Hampp Verlag.

Bluhm, Katharina (2008): Corporate Social Responsibility. Zur Moralisierung der Unternehmen aus soziologischer Perspektive. In: Maurer, Andrea/Schimank, Uwe (2008): 144-163.

Bode, Ingo (2012): Organisationen der Hilfe. In: Apelt, Maja/Tacke, Veronika (2012): 149-164.

Bode, Ingo/Brose, Hans-Georg (2001): Zwischen den Grenzen. Intersystemische Organisationen im Spannungsfeld funktionaler Differenzierung. In: Tacke, Veronika (2001): 112-140.

Bogner, Alexander (2009): Ethisierung und die Marginalisierung der Ethik. Zur Mikropolitik des Wissens in Ethikräten. In: Soziale Welt 60(2): 3-21.

Boltanski, Luc/Thévenot, Laurent (2007 [1991]): Über die Rechtfertigung. Eine Soziologie der kritischen Urteilskraft. Hamburg: Hamburger Edition.

Bommes, Michael/Tacke, Veronika (2006): Das Allgemeine und das Besondere des Netzwerkes. In: Hollstein, Betina/Straus, Florian (2006): 37-62.

Bordat, Josef (2010): Ethik in Zeiten des Klimawandels. In: Voss, Martin (2010): 189-204.

Boykoff, M. T./Boykoff, J. M. (2007): Climate change and journalistic norms: A case-study of US mass-media coverage. In: Geoforum 28(6): 1190-1204.

Boykoff, Maxwell T./Mansfield, Maria (2008): Ye Olde Hot Aire: Reporting on human contributions to climate change in the UK tabloid press. In: Environmental Research Letters 3(2): 1-8.

Braun-Thürmann, Holger (2005): Innovation. Bielefeld: Transcript.

Brix, Emil/Richter, Rudolf (Hrsg.) (2000): Organisierte Privatinteressen. Vereine in Österreich. Wien: Passagen Verlag.

Brophy, Sorcha A. (2014): Making Morals: Standard-Setting in Organizations. In: Jeffries, Vincent (2014): 353-366.

Brossard, Dominique/Shanahan, James/McComas, Katherine (2004): Are Issue-Cycles Culturally Constructed? A Comparison of French and American Coverage of Global Climate Change. In: Mass Communication and Society 7(3): 359-377.

Brown, Eleanor/Slivinski, Al (2006): Nonprofit Organizations and the Market. In: Powell, Walter W./Steinberg, Richard (Hrsg.) (2006): 140-158.

Bruns, Elke /Ohlhorst, Dörte /Wenzel, Bernd /Köppel, Johann (2011): Germany's Electricity Market. A Biography of the Innovation Process. Dordrecht: Springer.

Brunsson, Nils /Olsen, Johan P. (1999): Organization Theory: Thirty Years of Dismantling, and Then? In: Brunsson, Nils /Olsen, Johan P. (1999): 13-43.

Brunsson, Nils/Olsen, Johan P. (Hrsg.) (1999): Organizing Organizations. Bergen: Fagbokforlaget.

Carpenter, Chad (2001): Businesses, Green Groups and the Media: The Role of Non-Governmental Organizations in the Climate Change Debate. In: International Affairs 77(2): 313-328.

Carroll, Archie B. (1979): A Three-Dimensional Model of Corporate Performance. In: Academy of Management Review 4(4): 497-505.

Carvalho, Anabela/Burgess, Jacquelin (2005): Cultural Circuits of Climate Change in U.K. Broadsheet Newspapers, 1985-2003. In: Risk Analysis 25(6): 1457–1469.

Carvalho, Anabela (2008): Media(ted) Discourse and Society. In: Journalism Studies 9(2): 161-177

Cetindamar, Dilek /Husoy, Kristoffer (2007): Corporate Social Responsibility Practices and Environmentally Responsible Behavior. The Case of the United Nations Global Compact. In: Journal of Business Ethics 76(2): 163-176.

Christensen, Lars Thøger /Morsing, Mette /Thyssen, Ole (2013): CSR as aspirational talk. In: Organization 20(3): 372-393.

Clegg, Stewart /Kornberger, Martin/Rhodes, Carl (2007): Business Ethics as Practice. In: British Journal of Management 18(2): 107-122.

Clegg, Stewart R./Hardy, Cynthia/Lawrence, Tom/Nord, Walter R. (Hrsg.) (2006): The SAGE Handbook of Organization Studies, 2. Auflage. Oxford: Sage Publications Ltd.

Cooremans, Catherine (2008): Strategic Fit of Energy Efficiency. Conference Paper: 24th EGOS Colloquium. Upsetting Organizations July 10–12, 2008. Vrije University: Amsterdam.

Corsi, Giancarlo (2000): Protest and Decision-making in a Society of Blame. In: Democracy & Nature 6(3): 361-374.

Crane, Andrew/Matten, Dirk/McWilliams, Abagail/Moon, Jeremy/Siege, Donald S. (2008): The Oxford Handbook of Corporate Social Responsibility. Oxford: Oxford University Press.

Crook, Clive (2005): The movement for corporate social responsibility has won the battle of ideas. That is a pity. In: The Economist 20.01.2005.

Curbach, Janina (2009): Die Corporate-Social-Responsibility-Bewegung. Wiesbaden: VS Verlag für Sozialwissenschaften.

Czarniawska, Barbara/Sevón, Guje (1996): Introduction. In: Czarniawska, Barbara/Sevón, Guje (1996): 1-12.

Czarniawska, Barbara/Sevón, Guje (Hrsg.) (1996): Translating Organizational Change. Berlin, New York: de Gruyter.

Dawkins, Cedric/Fraas, John (2011): Coming Clean: The Impact of Environmental Performance and visibility on Corporate Climate Change Disclosure. In: Journal of Business Ethics 100(2): 303-322.

Dees, Gregory J./Emerson, Jed/Economy, Peter (2001): Enterprising Nonprofits. A Toolkit for Social Entrepreneurs. New York: Wiley.

Devinney, Timothy M. (2009): Is the Socially Responsible Corporation a Myth? The Good, Bad and Ugly of Corporate Social Responsibility. In: Academy of Management Perspectives 23(2): 44-56.

Dhanda, K. Kathy/Hartman, Laura P. (2011): The Ethics of Carbon Neutrality: A Critical Examination of Voluntary Carbon Offset Providers. In: Journal of Business Ethics 100(1): 119-149.

Di Renzo, Gordon J. (Hrsg.) (1967): Concepts, Theory, and Explanation in the Behavioral Sciences. New York: Random House.

DiMaggio, Paul/Powell, Walter W. (1983): The iron cage revisited: Institutional isomorphism and collective rationality in organizational fields. In: American Sociological Review 48(2): 147-160.

DiMaggio, Paul J. (1988): Interest and Agency in Institutional Theory. In: Zucker, Lynne G. (Hrsg.) (1988): 3-21.

DiMaggio, Paul J./Anheier, Helmut K. (1990): The Sociology of Nonprofit Organizations and Sectors. In: Annual Review of Sociology 16: 137-159.

Donaldson, Thomas/Dunfee, Thomas W. (1994): Toward a Unified Conception of Business Ethics: Integrative Social Contracts Theory. In: Academy of Management Review 19(2): 252-284.

Dougherty, Deborah/Trudy Heller (1994): The Illegitimacy of Successful Product Innovation in Established Firms. In: Organization Science 5(2): 200-218.

Drori, Gili S. (2008): Institutionalism and Globalization Studies. In: Greenwood et al. (2008): 431-448.

Drori, Gili S./Meyer, John W./Hwang, Hokyu (Hrsg.) (2006): Globalization and Organization. World Society and Organizational Change. Oxford: Oxford University Press.

Du Gay, Paul (2009): Max Weber and the Ethics of Office. In: Adler, Paul S. (2009): 146-173

Durkheim, Émile (1988 [1930]): Über soziale Arbeitsteilung: Studie über die Organisation höherer Gesellschaften. Frankfurt am Main: Suhrkamp.

Durkheim, Émile (1992 [1957]): Professional Ethics and Civic Morals. London, New York: Routledge

Eberlein, Burkard/Matten, Dirk (2009): Business Responses to Climate Change Regulation in Canada and Germany: Lessons for MNCs from Emerging Economies. In: Journal of Business Ethics 86(2): 241-255.

Edelman, Lauren B. (2005): Law at Work: The Endogenous Construction of Civil Rights. In: Nelson, Robert L. / Nielsen, Laura B. (2005): 337-352.

Edelman, Lauren B./Uggen, Christopher/Erlanger, Howard S. (1999): The endogeneity of legal regulation: Grievance precedures as rational myth. In: American Journal of Sociology 105(2): 406-454.

Edquist, Charles (Hrsg.) (1997): Systems of Innovation: Technologies, Institutions and Organizations. London: Pinter Publishers.

Edquist, Charles/Björn Johnson (1997): Institutions and Organizations in Systems of Innovation. In: Edquist, Charles (Hrsg.) (1997): 41-63.

Eigenstetter, Monika/Löhr, Albert (2008): Ethikprogramme in Unternehmen: Unterstützung einer innovationsförderlichen Gestaltung von Unternehmenskultur?. In: Forum Wirtschaftsethik 3: 16-33.

Eisenstadt, Shmuel N. (2006): Multiple Modernen im Zeitalter der Globalisierung. In: Schwinn, Thomas (Hrsg.) (2006): 37-62.

Endreß, Martin/Matys, Thomas (Hrsg.) (2010b): Die Ökonomie der Organisation – die Organisation der Ökonomie. Wiesbaden: VS Verlag für Sozialwissenschaften.

Entman, Robert M. (1993): Framing: Toward Clarification of a Fractured Paradigm. In: Journal of Communication 43(4): 51-8.

Etzioni, Amitai (1961): A Comparative Analysis of Complex Organizations. On Power, Involvement, and Their Correlates. New York: Free Press.

Evans, Alex/Steven, David (2007): Climate change: The state of the debate. Center on International Cooperation. http://globaldashboard.org/wp-content/uploads/2008/06/State_of_the_Debate.pdf [April 2017].

Fichter, Michael/Sydow, Jörg (2002): Using Networks Towards Global Labor Standards? Organizing Social Responsibility in Global Production Chains. In: Industrielle Beziehungen 9(4): 357-380.

Fischer-Lescano, Andreas/Teubner, Gunther (2006): Regime-Kollisionen. Zur Fragmentierung des globalen Rechts. Frankfurt am Main: Suhrkamp.

Frankental, Peter (2001): Corporate social responsibility – a PR invention? In: Corporate Communications: An International Journal 6(1): 18-23.

Friedland, Roger/Alford, Robert R. (1991): Bringing society back. In: Symbols, Practices, and Institutional Contradictions. In: Powell, Walter W. / DiMaggio, Paul (Hrsg.) (1991): 232-263.

Friedman, Milton (1970): The Social Responsibility of Business is to Increase its Profits. In: The New York Times Magazine 13.09.1970.

Frumkin, Peter (2002): On being nonprofit: A conceptual and policy primer. Cambridge, Mass.: Harvard University Press.

Fuchs, Peter (2010): Diabolische Perspektiven. Vorlesung zu Ethik und Beratung. Berlin: Lit Verlag.

Galaskiewicz, Joseph/Sinclair Colman, Michelle (2006): Collaboration between Corporations and Nonprofit Organizations. In: Powell, Walter W./Steinberg, Richard (Hrsg.) (2006): 180-204.

Galtung, Johan/Ruge, Marie H. (1965): The Structure of Foreign News. The Presentation of the Congo, Cuba and Cyprus Crisis in Four Norwegian Newspapers. In: Journal of Peace Research 2: 64-91.

Gardiner, Stephen M. (2006): A Perfect Moral Storm: Climate Change, Intergenerational Ethics and the Problem of Moral Corruption. In: Environmental Values 15(3): 397-413.

Geser, Hans (1989): Interorganisationelle Normkulturen. In: Haller et al. (1989): 211-223.

Giddens, Anthony (1995 [1984]): Die Konstitution der Gesellschaft. Frankfurt am Main: Suhrkamp.

Giegel, Hans-Joachim (1997): Moral und funktionale Differenzierung. In: Soziale Systeme (2): 327-350.

Gordon, Ray/Clegg, Stewart/Kornberger, Martin (2009): Embedded ethics: discourse and power in the New South Wales Police Service. In: Organization Studies 30(1): 73-99.

Greenwood, Royston/Oliver, Christine/Sahlin, Kerstin/Suddaby, Roy (Hrsg.) (2008): The SAGE Handbook of Organizational Institutionalism. Los Angeles, London: SAGE Publications.

Grunow, Dieter (1995): Zwischen Solidarität und Bürokratie: Organisationsprobleme von Wohlfahrtsverbänden. In: Rauschenbach et al. (Hrsg.) (1995): 253-279.

Guggenheim, Michael (2005): Organisierte Umwelt. Umweltdienstleistungsfirmen zwischen Wissenschaft, Wirtschaft und Politik. Bielefeld: Transcript.

Haas, Peter M. (1992): Epistemic Communities and International Policy Coordination. In: International Organization 46(1): 1-35.

Habermas, Jürgen (1968): Technik und Wissenschaft als ,Ideologie'. Frankfurt am Main: Suhrkamp.

Haller, Max/Hoffmann-Nowotny, Hans-Joachim/Zapf, Wolfgang (1989): Kultur und Gesellschaft. Verhandlungen des Deutsch-Österreichisch-Schweiz. Soziologentags in Zürich 1988. Frankfurt, New York: Campus.

Hannan, Michael T./Freeman, John (1984): Structural Inertia and Organizational Change. In: American Sociological Review 49(2): 149-164.

Harris, Paul G. (2003): Fairness, Responsibility, and Climate Change. In: Ethics & International Affairs, 17(1): 149-156.

Harvard Business Review (2002): Inspiring Innovation. How do you boost an organization's creative potential? We asked some of today's most innovative leaders. In: Harvard Business Review, August 2002: 39-47.

Hasenfeld, Yeheskel (2000): Organizational Forms as Moral Practices: The Case of Welfare Departments. In: Social Service Review 74(3): 329-351.

Hasenfeld, Yeheskel (2010): The Attributes of Human Service Organizations. In: Hasenfeld (2010): 7-33.

Hasenfeld, Yeheskel (Hrsg.) (2010): Human Services as Complex Organizations. Los Angeles [u.a.]: Sage.

Hasse, Raimund/Japp, Klaus Peter (1997): Dynamik symbolischer Organisationspolitik. Umwelt- und Selbstanpassung als Folgewirkung ökologischer Leistungserwartungen. In: Birke et. al (1997): 134-162.

Hasse, Raimund/Krücken, Georg (2005): Der Stellenwert von Organisationen in Theorien der Weltgesellschaft. Eine kritische Weiterentwicklung systemtheoretischer und neo-institutionalistischer Forschungsperspektiven. In: Zeitschrift für Soziologie. Sonderheft „Weltgesellschaft": 186-204.

Hasse, Raimund/Krücken, Georg (2008): Systems Theory, Societal Contexts, and Organizational Heterogeneity. In: Greenwood et al. (2008): 539-559.

Heckscher, Charles (2009): Parsons as an Organization Theorist. In: Adler, Paul (2009): 607-632.

Heelas, Paul/Lash, Scott/Morris, Paul (Hrsg.) (1996): Detraditionalization. Critical Reflections on Authority and Identity. Cambridge, Mass.: Blackwell.

Helin, Sven/Sandström, Johan (2010): Resisting a corporate code of ethics and the reinforcement of management control. In: Organization Studies 31(5): 583-604.

Hellmann, Kai-Uwe (1996): Systemtheorie und neue soziale Bewegungen. Identitätsprobleme in der Risikogesellschaft. Opladen: Westdeutscher Verlag.

Hellmann, Kai-Uwe (2003): Sind wir eine Gesellschaft ohne Moral? Soziologische Anmerkungen zum Verbleib der Moral in der Moderne. In: Willems, Ulrich (2003): 101-133.

Hendry, John (2001): After Durkheim: An Agenda for the Sociology of Business Ethics. In: Journal of Business Ethics 34(3/4): 209-218.

Hiß, Stefanie (2006): Warum übernehmen Unternehmen gesellschaftliche Verantwortung? Ein soziologischer Erklärungsversuch. Frankfurt am Main: Campus.

Hitlin, Steven/Vaisey, Stephen (2010): Back to the Future. Reviving the Sociology of Morality. In: Hitlin et. al. (2010): 3-14.

Hitlin, Steven/Vaisey, Stephen (Hrsg.) (2010): Handbook of the Sociology of Morality. New York: Springer VS.

Hoffman, Andrew J. (1999): Institutional Evolution and Change: Environmentalism and the U.S. Chemical Industry. In: The Academy of Management Journal 42(4): 351-371.

Hoffman, Andrew J. (2005): Climate Change Strategy: The Business Logic Behind Voluntary Greenhouse Gas Reductions. In: California Management Review 47(3): 21-46.

Hoffman, Andrew J./Ventresca, Marc J. (Hrsg.) (2002): Organizations, Policy, and the Natural Environment. Institutional and Strategic Perspectives. Stanford: Stanford University Press.

Hoffmann, Volker H./Schneider, Malter/Rogge, Karoline (2008): Corporate climate innovation strategies in response to international market-based climate policies. An analysis of the roles of different actors in the power sector. Conference Paper: 24th EGOS Colloquium. Upsetting Organizations July 10–12, 2008. Vrije University: Amsterdam.

Hollstein, Betina/Straus, Florian (Hrsg.) (2006): Handbuch Qualitative Netzwerkanalyse. Konzepte, Methoden, Anwendungen. Wiesbaden: Verlag für Sozialwissenschaften.

Holzer, Boris (2010): Moralizing the Corporation: Transnational Activism and Corporate Accountability. Cheltenham, UK: E. Elgar.

Holzer, Boris/Kastner, Fatima/Werron, Tobias (Hrsg.) (2015): From Globalization to World Society. Neo-Institutional and Systems-Theoretical Perspectives. New York: Routledge.

Homann, Karl (1993): Wirtschaftsethik. Die Funktion der Moral in der modernen Wirtschaft. In: Wieland (1993): 32-53.

Homann, Karl/Blome-Drees, Franz (1992): Wirtschafts- und Unternehmensethik. Göttingen: Vandenhoeck & Ruprecht.

Howard-Grenville, Jennifer A./Hoffman, Andrew J. (2003): The Importance of Cultural Framing to the Success of Social Initiatives in Business. In: Academy of Management Executive 17(2): 70-84.

Hutter, Michael (1989): Die Produktion von Recht. Eine selbstreferentielle Theorie der Wirtschaft, angewandt auf den Fall des Arzneimittelpatentrechts. Tübingen: Mohr/Siebeck.

Hwang, Hokyo/Powell, Walter W. (2009): The Rationalization of Charity: The Influences of Professionalism in the Nonprofit Sector. In: Administatrive Science Quarterly 54: 268-298.

Jackall, Robert (1983): Moral mazes: bureaucracy and managerial work. In: Harvard Business Review, September-October 1983: 118-130.

Jackall, Robert (2010): Morality in Organizations. In: Hitlin et al. (2010): 203-209.

Jäger, Wieland/Coffin, Arthur R. (2011): Die Moral der Organisation. Beobachtungen in der Entscheidungsgesellschaft und Anschlussüberlegungen zu einer Theorie der Interaktionssysteme. Wiesbaden: VS Verlag für Sozialwissenschaften.

Jamieson, Dale (2007): Ethics, Public Policy, and Global Warming. In: Science, Technology, & Human Values 17(2): 139-153.

Jarren, Ottfried (2008): Massenmedien als Intermediäre. Zur anhaltenden Relevanz der Massenmedien für die öffentliche Kommunikation. In: Medien & Kommunikationswissenschaft 56(3-4): 329-346.

Jeffries, Vincent (Hrsg.) (2014): The Palgrave Handbook of Altruism, Morality, and Social Solidarity: Formulating a Field of Study. Hampshire, UK: Palgrave Macmillan.

Jensen, Tommy/Sandström, Johan /Helin, Sven (2009): Corporate Codes of Ethics and the Bending of Moral Space. In: Organization 16(4): 529-545.

Joyner, Brenda E./Payne, Dinah (2002): Evolution and Implementation: a Study of Values, Business Ethics and Corporate Social Responsibility. In: Journal of Business Ethics 41(4): 297-311.

Kamoche, Ken/Pina e Cunha, Miguel (2001): Minimal Structures: From Jazz Improvisation to Product Innovation. In: Organization Studies 22(5): 733-764.

Kenis, Patrick/Schneider, Volker (Hrsg.) (1996): Organisation und Netzwerk. Institutionelle Steuerung in Wirtschaft und Politik. Frankfurt am Main, New York: Campus Verlag.

Kieserling, André (1998): Klatsch: Die Moral der Gesellschaft in der Interaktion unter Anwesenden. In: Soziale Systeme 4(2): 387-411.

Kieserling, André (1999): Kommunikation unter Anwesenden: Studien über Interaktionssysteme. Frankfurt am Main: Suhrkamp.

Klatetzki, Thomas/Tacke, Veronika (Hrsg.) (2005): Organisation und Profession. Wiesbaden: Verlag für Sozialwissenschaften.

Kolk, Ans/Levy, David (2001): Winds of Change: Corporate Strategy, Climate Change and Oil Multinationals. In: European Management Journal 19(5): 501-509.

Kowol, Uli/Krohn, Wolfgang (1995): Innovationsnetzwerke. Ein Modell der Technikgenese. In: Rammert et al. (1995): 77-105.

Krohn, Wolfgang (1999): Funktionen der Moralkommunikation. In: Soziale Systeme 5(2): 313-338.

Laufer, William S. (2003): Social Accountability and Corporate Greenwashing. In: Journal of Business Ethics 43(3): 253-261.

Lawrence, Thomas B./Suddaby, Roy (2006): Institutions and institutional work. In: Clegg et al. (2006): 251-266.

Lawrence, Thomas B./Suddaby, Roy/Leca, Bernard (Hrsg.) (2009): Institutional work: actors and agency in institutional studies of organization. Cambridge, New York: Cambridge University Press.

Le Menestrel, Marc S./van den Hove, Sybille/de Bettignies, Henri C. (2002): Processes and Consequences in Business Ethical Dilemmas: The Oil Industry and Climate Change. In: Journal of Business Ethics 41(3): 251-266.

Leal, Fernando (2006): On the Ethics and the Economics of Organized Citizenship. In: Organization 13(4): 569-587.

Levinthal, Daniel A./March, James G. (2003): The Myopia of Learning. In: March, James G. (2003): 193-221.

Levy, David L./Rothenberg, Sandra (2002): Heterogeneity and Change in Environmental Strategy: Technological and Political Responses to Climate Change in the Global Automobile Industry. In: Hoffman, Andrew J./Ventresca, Marc J. (2002): 173-193.

Levy, David L./Kaplan, Rami (2008): Corporate Social Responsibility and Theories of Global Governance: Strategic Contestation in Global Issue Arenas. In: Crane et al. (2008): 433-451.

Liebig, Stefan (2007): Theoretische Grundlagen und methodische Zugänge einer erklärenden Soziologie der Moral. Duisburger Beiträge zur soziologischen Forschung 6/2007. Universität Duisburg-Essen. http://nbn-resolving.de/urn:nbn:de:0168-ssoar-110741 [April 2017]

Lieckweg, Tania (2001): Strukturelle Kopplung von Funktionssystemen ‚über' Organisation. In: Soziale Systeme 7(2): 267-298.

Lieckweg, Tania/Wehrsig, Christof (2001): Zur komplementären Ausdifferenzierung von Organisationen und Funktionssystemen. Perspektiven einer Gesellschaftstheorie der Organisation. In: Tacke (2001): 39-60.

Luckmann, Thomas (1998): Gesellschaftliche Bedingungen geistiger Orientierung. In: Luckmann (1998): 19-46.

Luckmann, Thomas (2003): Transformations of Religion and Morality in Modern Europe. In: Social Compass 50(3): 275-285.

Luckmann, Thomas (Hrsg.) (1998): Moral im Alltag: Sinnvermittlung und moralische Kommunikation in intermediären Institutionen. Gütersloh: Verlag Bertelsmann Stiftung.

Luetge, Christoph/Jauernig, Johanna (Hrsg.) (2014): Business Ethics and Risk Management. Dordrecht: Springer.

Luhmann, Niklas (1964): Funktionen und Folgen formaler Organisation. Berlin: Duncker und Humblot.

Luhmann, Niklas (1975): Interaktion, Organisation, Gesellschaft. In: Luhmann, Niklas (1975): 9-24.

Luhmann, Niklas (Hrsg.) (1975): Soziologische Aufklärung 2. Aufsätze zur Theorie der Gesellschaft. Opladen: Westdeutscher Verlag.

Luhmann, Niklas (1984): Soziale Systeme. Grundriß einer allgemeinen Theorie. Frankfurt am Main: Suhrkamp.

Luhmann, Niklas (1990): Ökologische Kommunikation. Kann die moderne Gesellschaft sich auf ökologische Gefährdungen einstellen? Opladen: Westdeutscher Verlag.

Luhmann, Niklas (1991): Soziologie des Risikos. Berlin [u.a.]: de Gruyter.

Luhmann, Niklas (1993a): Das Recht der Gesellschaft. Frankfurt am Main: Suhrkamp.

Luhmann, Niklas (1993b): Deconstruction as Second-Order Observing. In: New Literary History 24(4): 763-782.

Luhmann, Niklas (1994a): Die Wirtschaft der Gesellschaft. Frankfurt am Main: Suhrkamp.

Luhmann, Niklas (1994b): Politicians, Honesty and the Higher Amorality of Politics. In: Theory, Culture & Society 11(2): 25-36.

Luhmann, Niklas (1996a): Complexity, Structural Contingencies and Values Conflicts. In: Heelas et al. (1996): 59-70.

Luhmann, Niklas (1996b): Die Realität der Massenmedien. Opladen: Westdeutscher Verlag.

Luhmann, Niklas (1997): Die Gesellschaft der Gesellschaft. Frankfurt am Main: Suhrkamp.

Luhmann, Niklas (2000): Organisation und Entscheidung. Opladen [u.a.]: Westdeutscher Verlag.

Luhmann, Niklas (2002a): Das Erziehungssystem der Gesellschaft. Frankfurt am Main: Suhrkamp.

Luhmann, Niklas (2002b): Die Politik der Gesellschaft. Frankfurt am Main: Suhrkamp.

Luhmann, Niklas (2002c): Einführung in die Systemtheorie. Dirk Baecker (Hrsg.). Heidelberg: Carl-Auer-Systeme Verlag.

Luhmann, Niklas (2005 [1975]): Die Weltgesellschaft. In: Luhmann, Niklas (2005 [1975]): 63-88.

Luhmann, Niklas (2008 [1978]): Soziologie der Moral. In: Luhmann, Niklas (2008 [1978]): 56-162.

Luhmann, Niklas (2008 [1989]): Ethik als Reflexionstheorie der Moral. In: Luhmann, Niklas (2008): 270-347.

Luhmann, Niklas (2008 [1990]): Paradigm Lost. Über die ethische Reflexion der Moral. In: Luhmann, Niklas (2008): 253-269.

Luhmann, Niklas (2008 [1992]): Arbeitsteilung und Moral: Durkheims Theorie. In: Luhmann, Niklas (2008): 7-24.

Luhmann, Niklas (2008 [1993]): Die Ehrlichkeit der Politiker und die höhere Amoralität der Politik. In: Luhmann, Niklas (2008): 163-174.

Luhmann, Niklas (2008 [1997]): Politik, Demokratie, Moral. In: Luhmann, Niklas (2008): 175-195.

Luhmann, Niklas (2008): Die Moral der Gesellschaft, hrsg. v. Detlef Horster. Frankfurt am Main: Suhrkamp.

Malsch, Thomas/Mill, Ulrich (Hrsg.) (1992): ArBYTE: Modernisierung der Industriesoziologie? Berlin: Ed. Sigma.

March, James G. (Hrsg.) (2003): The Pursuit of Organizational Intelligence: Decisions and Learning in Organizations. Mass., Oxford: Blackwell.

March, James G. /Simon, Herbert A. (1993 [1958]): Organizations. Cambridge, Mass., Oxford: Blackwell.

Martin, Joanne (1992): Cultures in Organizations: Three Perspectives. New York: Oxford University Press.

Massengill, Rebekah P./Reynolds, Amy (2010): Moral Discourse in Economic Contexts. In: Hitlin, Steven/Vaisey, Stephen (2010): 485-50.

Matten, Dirk/Moon, Jeremy/Crane, Andrew (2008): Ecological Citizenship and the Corporation: Politicizing the New Corporate Environmentalism. In: Organization & Environment 21(4): 371-389.

Maurer, Andrea (2008): Handbuch der Wirtschaftssoziologie. Wiesbaden: VS Verlag.

Maurer, Andrea/Schimank, Uwe (Hrsg.) (2008): Die Gesellschaft der Unternehmen – die Unternehmen der Gesellschaft. Wiesbaden: VS Verlag für Sozialwissenschaften.

Mautz, Rüdiger/Byzio, Andreas/Rosenbaum, Wolf (2008): Auf dem Weg zur Energiewende. Die Entwicklung der Stromproduktion aus erneuerbaren Energien in Deutschland. Göttingen: Universitätsverlag Göttingen.

Meyer, John W. (1997): The Changing Cultural Content of the Nation-State. In: Steinmetz, George (1997): 123-143.

Meyer, John W. (2007): Globalization. Theory and Trends. International Journal of Comparative Sociology 48(4): 261-273.

Meyer, John W. (2008): Reflexions on institutional theories of organizations. In: Greenwood et al. (2008): 790-812.

Meyer, John W./Boli, John/Thomas, George M./Ramirez, Francisco O. (1997a): World society and the nation state. In: American Journal of Sociology 103: 144-181.

Meyer, John W./Drori, Gili S./Hwang, Hokyu (2006): World Society and the Proliferation of Formal Organization. In: Drori et al. (2006): 25-49.

Meyer, John W./Frank, David J./Hironaka, Ann/Schofer, Evan/Tuma, Nancy B. (1997b): The Structuring of a World Environmental Regime, 1870-1990. In: International Organization 51(4): 623-651.

Meyer, John W./Jepperson, Ronald L. (2000): The 'Actors' of Modern Society. The Cultural Construction of Social Agency. In: Sociological Theory 18(1): 100-120.

Meyer, John W./Richard, Scott W. (1983): Organizational environments: ritual and rationality. Beverly Hills, London: SAGE Publications.

Meyer, John W./Rowan, Brian (1977): Institutionalized Organizations: Formal Structure as Myth and Ceremony. In: American Journal of Sociology 83(2): 340-363.

Meyer, John W./Scott, Richard W./Deal, Terrence E. (1983): Institutional and Technical Sources of Organizational Structure. Explaining the Structure of Educational Organizations. In: Meyer, John W./Scott, W. Richard (1983): 45-67.

Minkoff, Debra C./Powell, Walter W. (2006): Nonprofit Mission: Constancy, Responsiveness, or Deflection? In: Powell, Walter W./Steinberg, Richard (2006): 591-611.

Müller, Hans-Peter (1992): Gesellschaftliche Moral und individuelle Lebensführung. Ein Vergleich von Emile Durkheim und Max Weber. In: Zeitschrift für Soziologie 21(1): 49-60.

Münch, Richard (1980): Über Parsons zu Weber: Von der Theorie der Rationalisierung zur Theorie der Interpenetration. In: Zeitschrift für Soziologie 9(1): 18-53.

Nassehi, Armin (2004): Die Theorie funktionaler Differenzierung im Horizont ihrer Kritik. In: Zeitschrift für Soziologie 33(2): 98-118.

Nassehi, Armin (2006): Die Praxis ethischen Entscheidens. Eine soziologische Forschungsperspektive. In: Zeitschrift für medizinische Ethik 52(4): 367-377.

Nassehi, Armin/Saake, Irmhild/Siri, Jasmin (2014): Ethik – Normen – Werte. Eine Einleitung. In: Nassehi et al. (2014): 1-9.

Nassehi, Armin/Saake, Irmhild/Siri, Jasmin (Hrsg.) (2014): Ethik – Normen – Werte. Studien zu einer Gesellschaft der Gegenwarten Wiesbaden: Springer VS.

Nelson, Robert L. / Nielsen, Laura Beth (Hrsg.) (2005): Handbook of Employment Discrimination Research. Rights and Realities. Dordrecht: Springer VS.

Nijhof, André/Cludts, Stephan/Fisscher, Olaf/Laan, Albertus (2003): Measuring the Implementation of Codes of Conduct. An Assessment Method Based on a Process Approach of the Responsible Organisation. In: Journal of Business Ethics 45(1-2): 65-78.

Nisbet, Matthew C. (2010): Communicating Climate Change. Why Frames Matter for Public Engagement. In: Environment: Science and Policy for Sustainable Development 51(2): 12-23.

Noelle-Neumann, Elisabeth/Schulz, Winfried/Wilke, Jürgen (Hrsg.) (2002): Das Fischer Lexikon. Publizistik/Massenkommunikation. Frankfurt am Main: Fischer.

Northcott, Michael S. (2007): A Moral Climate: The Ethics of Global Warming. New York, Maryknoll: Orbis Books.

O'Reilly, Charles A./Tushman, Michael L. (2013): Organizational ambidexterity: Past, present, future. In: Academy of Management Perspectives 27(4): 324-338.

Olausson, Ulrika (2009): Global warming—global responsibility? Media frames of collective action and scientific certainty. In: Public Understanding of Science 18 (4): 421-436.

Oliver, Christine (1991): Strategic responses to institutional processes. In: Academy of Management Review 16(1): 145-179.

Ortmann, Günther (1999): Innovation als Paradoxieentfaltung – Eine Schlussbemerkung. In: Sauer, Dieter/Lang, Christa (1999): 249-262.

Ortmann, Günther (2010a): Organisation und Moral. Die dunkle Seite. Weilerswist: Velbrück Verlag.

Ortmann, Günther (2010b): Zur Theorie der Unternehmung. Sozio-ökonomische Bausteine. In: Endreß, Martin/Matys, Thomas (2010b): 225-304.

Ortmann, Günther /Sydow, Jörg /Windeler, Arnold (1997): Organisation als reflexive Strukturation. In: Ortmann et al. (1997): 315-354.

Ortmann, Günther/Sydow, Jörg/Windeler, Arnold (Hrsg.) (1997): Theorien der Organisation: Die Rückkehr der Gesellschaft. Opladen: Westdeutscher Verlag.

Palazzo, Guido/Scherer, Andreas G. (2006): Corporate Legitimacy as Deliberation: A Communicative Framework. In: Journal of Business Ethics 66(1): 71-88.

Parsons, Talcott (1956): Suggestions for a Sociological Approach to the Theory of Organizations – 1. In: Administrative Science Quarterly 1(1): 63-85.

Parsons, Talcott (1968 [1937]): The Structure of Social Action, Vol. 1. New York/ London: The Free Press.

Parsons, Talcott (1972): Das System moderner Gesellschaften. München: Juventa Verlag.

Parsons, Talcott (1977): Social Systems and the Evolution of Action Theory. New York: The Free Press.

Pattberg, Philipp/Stripple, Johannes (2008): Beyond the Public and Private Divide: Remapping Transnational Climate Governance in the 21st Century. In: International Environmental Agreements: Politics, Law and Economics 8(4): 367-388.

Phillips, Mary (2013): On being green & being enterprising: narrative and the ecopreneurial self. In: Organization 20(6): 794-817.

Pinkse, Jonatan/Kolk, Ans (2010): Challenges and trade-offs in corporate innovation for climate change. In: Business Strategy and the Environment 19(4): 261-272.

Pohlmann, Markus (2008): Management und Moral. In: Blank et al. (2008): 161-176.

Poulton, Michael S. (2005): Organizational Storytelling, Ethics and Morality: How Stories Frame Limits of Behavior in Organizations. In: Electronic Journal of Business Ethics and Organization Studies 10(2): 4-9.

Powell, Walter W. (1996): Weder Markt noch Hierarchie: Netzwerkartige Organisationsformen. In: Kenis, Patrick/Schneider, Volker (Hrsg.) (1996): 213-271.

Powell, Walter W./DiMaggio, Paul (Hrsg.) (1991): The New institutionalism in organizational analysis. Chicago: University of Chicago Press.

Powell, Walter W./Steinberg, Richard (2006): The nonprofit sector: a research handbook. New Haven: Yale University Press.

Powell, Walter W./Steinberg, Richard (2006): The nonprofit sector: a research handbook. New Haven: Yale University Press.

Priddat, Birger P. (2010): Organisation als Kooperation. Wiesbaden: VS Verlag für Sozialwissenschaften.

Pronzini, Andrea/Besio, Cristina/Schmidt, Robert (2012): Versprechen der Innovation. Das Beispiel des politischen Diskurses über Klimawandel. In: Aderhold et al. (2012): 155-175.

Quarmby, Katharine (2005): Why Oxfam is failing Africa. In: New Statesman, 30.05.2005.

Rammert, Werner (1988): Das Innovationsdilemma. Technikentwicklung im Unternehmen. Opladen: Westdeutscher Verlag.

Rammert, Werner (2008): Technik und Innovation. In: Maurer, Andrea (Hrsg.): 291-319.

Rammert, Werner (2010): Die Innovationen der Gesellschaft. Berlin: TUTS-Working Paper.

Rammert, Werner/Bechmann, Gotthard/Halfmann, Jost (Hrsg.) (1995): Technik und Gesellschaft. Jahrbuch 8. Theoriebausteine und Techniksoziologie. Frankfurt a. M: Campus Verlag.

Ransom, David (2005): The big charity bonanza. In: New Internationalist 383, 01.10.2005.

Rauschenbach, Thomas/Sachße, Christoph/Olk, Thomas (Hrsg.) (1995): Von der Wertgemeinschaft zum Dienstleistungsunternehmen. Jugend- und Wohlfahrtsverbände im Umbruch. Frankfurt am Main: Suhrkamp.

Rhodes, Carl (2016): Democratic Business Ethics: Volkswagen's emissions scandal and the disruption of corporate sovereignty. In: Organization Studies 37(10): 1501-1518.

Rogers, Everett M. (2003): Diffusion of Innovations. New York: Free Press.

Sauer, Dieter/Lang, Christa (Hrsg.) (1999): Paradoxien der Innovation – Perspektiven sozialwissenschaftlicher Innovationsforschung. Frankfurt, New York: Campus.

Schein, Edgar H. (1985): Organizational Culture and Leadership. San Francisco: Jossey-Bass.

Scherer, Andreas G. (2003): Multinationale Unternehmen und Globalisierung. Zur Neuorientierung der Theorie der Multinationalen Unternehmung. Heidelberg: Physica Verlag.

Schimank, Uwe (2005): Differenzierung und Integration der modernen Gesellschaft. Beiträge zur akteurzentrierten Differenzierungstheorie 1. Wiesbaden: VS Verlag für Sozialwissenschaften.

Schröder, Martin (2013): How moral arguments influence economic decisions and organizational legitimacy—the case of offshoring production. In: Organization 20(4): 551-576.

Schultz, Friederike/Wehmeier, Stefan (2010): Institutionalization of corporate social responsibility within corporate communications: Combining institutional, sensemaking and communication perspectives. In: Corporate Communications: An International Journal 15(1): 9-29.

Schulz, Winfried (2002): Nachricht. In: Noelle-Neumann et al. (2002): 328-362.

Schumpeter, Joseph A. (1964 [1911]): Theorie der wirtschaftlichen Entwicklung. Berlin: Duncker & Humblot.

Schumpeter, Joseph A. (1972 [1942]): Kapitalismus, Sozialismus und Demokratie. München: UTB.

Schwarz, Michael/Groß, Hermann (2010): Arbeitszeit, Altersstrukturen und Corporate Social Responsibility. Eine repräsentative Befragung. Wiesbaden: VS Verlag für Sozialwissenschaften.

Schwinn, Thomas (Hrsg.) (2006): Die Vielfalt und Einheit der Moderne: Kultur- und strukturvergleichende Analysen. Wiesbaden: VS Verlag für Sozialwissenschaften.

Scott, Richard W. (2001): Institutions and Organizations, 2. Auflage. Thousand Oaks: Sage.

Scott, Richard W. (2005): Evolving Professions: An Institutional Field Approach. In: Klatetzki, Thomas/Tacke, Veronika (2005): 119-141.

Shanahan, Suzanne/Khagram, Sanjeev (2006): Dynamics of Corporate Responsibility. In: Drori et al. (2006): 196-224.

Shinn, Terry/Joerges, Bernward (2004): Paradox oder Potential? Zur Dynamik Heterogener Kooperation. In: Strübing et al. (2004): 77-101.

Sims, Ronald R./Brinkmann, Johannes (2003): Enron ethics (or: Culture matters more than codes). In: Journal of Business Ethics 45(3): 243-256.

Smith, Adam (1974 [1776]): Der Wohlstand der Nationen. Eine Untersuchung seiner Natur und seiner Ursachen. München: dtv.

Somers, Mark J. (2001): Ethical Codes of Conduct and Organizational Context: A Study of the Relationship Between Codes of Conduct, Employee Behaviour and Organizational Values. In: Journal of Business Ethics 30(2): 185-195.

Star, Susan Leigh/Griesemer, James R. (1989): Institutional Ecology, 'Translations' and Boundary Objects: Amateurs and Professionals in Berkeley's Museum of Vertebrate Zoology, 1907-39. In: Social Studies of Science 19(4): 387-420.

Stark, David (2009): The Sense of Dissonance: Accounts of Worth in Economic Life. Princeton, Oxford: Princeton University Press.

Steinmann, Horst/Löhr, Albert (1994): Grundlagen der Unternehmensethik, 2. Aufl. Stuttgart: Schäffer-Poeschel.

Steinmetz, George (Hrsg.) (1997): State/Culture. State Formation after the Cultural Turn. Ithaca: Cornell University Press.

Stichweh, Rudolf (2000a): Globalisierung der Wissenschaft und die Region Europa. In: Stichweh, Rudolph (2000): 103-129.

Stichweh, Rudolf (2000b): Globalisierung der Wissenschaft und die Rolle der Universität. In: Stichweh, Rudolf (2000): 130-145.

Stichweh, Rudolf (2000c): Soziologie des Vereins. Strukturbildung zwischen Lokalität und Globalität. In: Brix, Emil/Richter, Rudolf (2000): 19-31.

Stichweh, Rudolf (Hrsg.) (2000): Die Weltgesellschaft: soziologische Analysen. Frankfurt am Main, Suhrkamp.

Stichweh, Rudolf (2003): Genese des globalen Wissenschaftssystems. In: Soziale Systeme 9(1): 3-26.

Stichweh, Rudolf (2004): Der Zusammenhalt der Weltgesellschaft: Nicht-normative Integrationstheorien in der Soziologie. In: Beckert et al. (2004): 236-245.

Stichweh, Rudolf (2006): Strukturbildung in der Weltgesellschaft – Die Eigenstrukturen der Weltgesellschaft und die Regionalkulturen der Welt. In: Schwinn, Thomas (2006): 239-257.

Stock, Jessica (2016): Alltagsmobilität und die Ideologisierung des Klimawandels. In: Besio, Cristina/Romano, Gaetano (2016): 293-315.

Strübing, Jörg/Schulz-Schaeffer, Ingo/Meister, Martin/Gläser, Jochen (Hrsg.) (2004): Kooperation im Niemandsland. Neue Perspektiven auf Zusammenarbeit in Wissenschaft und Technik. Opladen: Leske + Budrich.

Tacke, Veronika (2001): Funktionale Differenzierung als "Schema" der Kommunikation über Organisationen. In: Tacke, Veronika (2001): 141-169.

Tacke, Veronika (Hrsg.) (2001): Organisation und gesellschaftliche Differenzierung. Wiesbaden: Westdeutscher Verlag.

Teece, David (2009): Dynamic Capabilities and Strategic Management: Organizing for Innovation and Growth. Oxford: Oxford University Press.

Tenbrunsel, Ann E./Smith-Crowe, Kristin (2008): Ethical decision making: Where we've been and where we're going. In: Academy of Management Annals 2(1): 545-607.

Thornton, Patricia H./Ocasio, William (2008): Institutional logics. In: Greenwood et al. (2008): 99-129.

Trumbo, Craig (1996): Constructing Climate Change: Claims and Frames in US News Coverage of an Environmental Issue. In: Public Understanding of Science 5(3): 269-283.

Tushman, Michael L./Rosenkopf, Lori (1992): Organizational Determinants of Technological Change. Towards a Sociology of Technological Evolution. In: Research in Organizational Behavior 14: 311-347.

Tvedt, Terje (2002): Development NGOs: Actors in a Global Civil Society or in a New International Social System? In: Voluntas: International Journal of Voluntary and Nonprofit Organizations 13(4): 363-375.

Valentine, Sean/Fleischman, Gary (2007): Professional Ethical Standards, Corporate Social Responsibility, and the Perceived Role of Ethics and Social Responsibility. In: Journal of Business Ethics 82(3): 657-666.

Van de Ven, Andrew/Polley, Douglas/Garud, Raghu/Venkataraman, Sankaran (1999): The Innovation Journey. New York: Oxford University Press.

Van den Daele, Wolfgang (2001): Von moralischer Kommunikation zur Kommunikation über Moral. In: Zeitschrift für Soziologie 30(1): 4-22.

Von Groddeck, Victoria (2011a): Rethinking the role of value communication in business corporations from a sociological perspective – Why organizations need value based semantics to cope with societal and organizational fuzziness. In: Journal of Business Ethics 100(1): 69 -84.

Von Groddeck, Victoria (2011b): The Case of Value Based Communication – Epistemological and Methodological Reflections from a System Theoretical Perspective. In: Historical Social Research/Historische Sozialforschung 36(1): 66-86.

Von Groddeck, Victoria (2014): ,Unternehmen sind nun mal Teil der Gesellschaft' – Wirtschaftsorganisationen zwischen Routine und Moral. In: Nassehi et al. (2014): 131-156.

Voss, Martin (2010): Der Klimawandel. Sozialwissenschaftlichen Perspektiven. Wiesbaden: VS Verlag für Sozialwissenschaften.

Waldenfels, Bernhard (2006): Schattenrisse der Moral. Frankfurt am Main: Suhrkamp.

Wang, Gordon/Hackett, Rick D. (2016): Conceptualization and Measurement of Virtuous Leadership: Doing Well by Doing Good. In: Journal of Business Ethics 137(2): 321–345.

Weber, Max (1965 [1920]): Die Protestantische Ethik I. Eine Aufsatzsammlung, hrsg. v. Johannes Winckelmann. München, Hamburg: Siebenstern Taschenbuch Verlag.

Wehrsig, Christof/Tacke, Veronika (1992): Funktionen und Folgen informatisierter Organisationen. In: Malsch, Thomas/Mill, Ulrich (1992): 219-239.

Weick, Karl E. (1985 [1969]): Der Prozess des Organisierens. Frankfurt am Main: Suhrkamp.

Weick, Karl E. (1995): Sensemaking in Organizations. London: Sage.

Weingart, Peter/Engels, Anita/Pansegrau, Petra (2000): Risks of communication: discourses on climate change in science, politics, and the mass media. In: Public Understanding of Science 9(3): 261-283.

Weingart, Peter /Engels, Anita /Pansegrau, Petra (2002): Von der Hypothese zur Katastrophe. Der anthropogene Klimawandel im Diskurs zwischen Wissenschaft, Politik und Massenmedien. Opladen: Leske + Budrich.

Weinhofer, Georg/Hoffmann, Volker H. (2010): Mitigating Climate Change – How Do Corporate Strategies Differ? In: Business Strategy and the Environment 19(2): 77-89.

Weisbrod, Burton A. (1998): The Nonprofit Mission and Its Financing: Growing links between nonprofits and the rest of the economy. In: Weisbrod, Burton A. (1998): 1-22.

Weisbrod, Burton A. (Hrsg.) (1998): To Profit or Not to Profit: The Commercial Transformation of the Nonprofit Sector. Cambridge: Cambridge University Press.

Werron, Tobias (2007): Publika: zur Globalisierungsdynamik von Funktionssystemen. In: Soziale Systeme: Zeitschrift für soziologische Theorie 13(1/2): 381-394.

Werron, Tobias/Holzer, Boris (2009): Public otherhood. World Society, theorization, and global systems dynamics. Working Paper 02. Bielefeld: Institut für Weltgesellschaft.

Wetherell, Margaret/Taylor, Stephanie/Yates, Simeon J. (Hrsg.) (2001): Discourse Theory and Practice. A Reader. London: Sage.

Wieland, Josef (2004): Wozu Wertemanagement: Ein Leitfaden für die Praxis. In: Wieland, Josef (2004): 13-52.

Wieland, Josef (Hrsg.) (1993): Wirtschaftsethik und Theorie der Gesellschaft. Frankfurt am Main: Suhrkamp.

Wieland, Josef (Hrsg.) (2004): Handbuch Wertemanagement. Hamburg: Murmann Akademie-Verlag.

Wilke, Jürgen (1984): Nachrichtenauswahl und Medienrealität in vier Jahrhunderten. Berlin: de Gruyter.

Willems, Ulrich (Hrsg.) (2003): Interesse und Moral als Orientierungen politischen Handelns. Baden-Baden: Nomos.

Willke, Helmut/Willke, Gerhard (2008): Corporate Moral Legitimacy and the Legitimacy of Morals: A Critique of Palazzo/Scherer's Communicative Framework. In: Journal of Business Ethics 81(1): 27-38.

Windeler, Arnold (2001): Unternehmungsnetzwerke. Konstitution und Strukturation. Wiesbaden: Westdeutscher Verlag.

Zapf, Wolfgang (1989): Über soziale Innovationen. In: Soziale Welt 40(1-2): 170-183.

Zilber, Tammar B. (2009): Institutional maintenance as narrative acts. In: Lawrence et al. (2009): 205-235.

Zucker, Lynne G. (Hrsg.) (1988): Institutional Patterns and Organizations. Culture and Environment Cambridge, Mass.: Ballinger Publishing Company.

If you have any concerns about our products,
you can contact us on
ProductSafety@springernature.com

In case Publisher is established outside the EU,
the EU authorized representative is:
Springer Nature Customer Service Center GmbH
Europaplatz 3, 69115 Heidelberg, Germany

Printed by Libri Plureos GmbH
in Hamburg, Germany